新渡戸稲造
人格論と社会観

谷口 稔

鳥影社

緒言

現代は「人格の形成」ということが重視されなくなった時代なのかもしれない。あらゆることが数値化され、教育の世界においては、偏差値で学校が評価され、校風や人格教育は付け足し程度のものでしかない。経済界から政治の世界に至るまで、この傾向は蔓延しているように見える。だが、これでいいのかという根本的な疑問が拭いきれないのである。

明治期、「人格」ということを人間形成の主眼に置いた人物がいた。「新渡戸稲造」である。新渡戸が生涯にわたって力を注いだのは、人格をいかに形成するかであった。新渡戸は、教育者としての評価が高いが、その出発点は、農業経済学であり、台湾への植民政策、そして国際連盟の事務局次長としても活躍し、その活動範囲は多岐にわたる。

本書は、博士論文を元にしているが、新渡戸稲造で博士論文を書くようになったのは、次のような経緯がある。

私は、高校時代、日露戦争で非戦論を唱えた内村鑑三に興味を持ち、修士論文は「内村鑑三の思想的特質」というテーマで書いた。修士課程修了後、恵泉女学園というキリスト教主義の高校の教師になったが、ある人から「内村鑑三よりも河井道につながる新渡戸稲造を研究して欲しい」と言われた。新渡戸稲造は、恵泉女学園の創立者・河井道の恩師にあたる人であり、新渡戸と内村は札幌農学校の同級生である。私はすぐには新渡戸を研究する気にならなかったが、五十歳を過ぎた頃から新渡戸を掘り下げる必要があると改めて思い始めた。新渡戸が「人格」を強調し、その点を河井道が継承していることは最も重要な点である。しかし、新渡戸には、植民政策学者としての面があり、台湾の植民政策にも実際に関わっている。そのため、現在も、一部の人から帝国主義者・新渡戸という批判を受けているのである。日本人にはすばらしい働きをしたのに対し、台湾人に対しては搾取したというのは、人種平等を説くクエーカー教徒たる新渡戸がとるスタンスとは思われない。現代の基準で新渡戸の植民政策を批判するのは「歴史の後知恵」であり、当時の日本の状況の中で新渡戸の植民政策を見ていく必要がある。どうしても新渡戸の植民政策の部分を、自分なりに納得のいく理解をしておきたいという点が新渡戸研究に進んだ動機であった。

新渡戸は、植民を開発の延長線上に見ており、植民の終極目的を「文明の進歩」に置いていた。この点は人種平等を説くクエーカーの思想ともつながる。本書の中で詳しく述べているが、新渡戸は台湾農家のためにある種の配慮をしていた。作物が不作だった時の「保険」、製糖業者から搾取されないように「組合」を作ること、製糖会社の利益に与れるように農民への「株の分配」を企図したこと等である。しかし、残念ながら台湾総督府はそれらの政策を一切実行に移さなかった。新渡戸は内心、忸怩《じくじ》たる思いであったであろう。現代では、植民政策自体が許されないが、当時において、新渡戸の描いた植民政策は、形態的には日本帝国主義と軌を一にしたように見えるが、その内実はかなり異なっていたのではないか、私はそう考えている。

私は五十七歳で長年勤めた恵泉女学園高校を退職し、横浜国立大学の博士課程に入り、新渡戸研究に打ち込んだ。博士課程を修了するのに、四年半という歳月を要したが、この間、多くの新渡戸研究者と交わりを持ってきた。新渡戸の精神を継承する人たちは「社交的」なのが特徴である。それは、新渡戸が人と人との交流を大切にしたことを受け継いでいるからと思われる。

新渡戸は、人格形成にあたって、縦の関係と横の関係を軸に考えた。縦は天との交流である。天とは人知を超えたものであり、新渡戸にとってはキリスト教の神であったが、仏教でも神道でもよいと新渡戸は言っている。新渡戸はより多くの日本人にあてはまるように儒教的な天という語を使った。横とは人と人との交わりである。

本書は、この新渡戸の「人格論」をベースに「農業思想」「植民思想」「教育思想」を論じたものである。日本の伝統であった「武士道」をどのように新渡戸が理解し、そのよき部分を抽出して、どう人格の形成に役立てようとしたのかをこれから見ていきたい。

新渡戸稲造
人格論と社会観

目次

新渡戸稲造
人格論と社会観

序

新渡戸稲造（一八六二〜一九三三）は南部藩の盛岡で誕生し、札幌農学校の第二期生として北海道の新天地で学んだ。その後、米国のジョンズ・ホプキンス大学に留学し、さらに在米中に札幌農学校の命で、ドイツのボン、ベルリン、ハレ大学に学び、帰国後は、札幌農学校教授、台湾総督府技師を経て、京都帝国大学教授、一高校長、東京帝国大学教授、東京女子大学学長、国際連盟事務局次長を務めた。新渡戸は、思想、農学、植民政策、教育等、幅広い分野にわたって活躍した人物である。

現代ではその名が人口に膾炙している新渡戸であるが、研究対象として注目されるには死後数十年の歳月を要した。新渡戸研究の第一人者である佐藤全弘氏は言う。

「新渡戸は一九三三年に亡くなったが、その頃の日本は戦争にのめりこんでいくプロセスにあり、新渡戸から学ぼうという気風がなかった。戦後になっても、しばらくは忘れられた存在であり、『武士道』の著者ということ以外は一般には知られていなかった。新渡戸の教え子の南原繁、高木八尺などの取り組みにより、一九六九年に新渡戸稲造全集の第一巻が配本になり、全部で第一六巻まで出版された。内村鑑三全集が内村死後の翌年の一九三一年から出版（全部で二〇巻）されたのとは対照的である」[1]

戦後に入ってもすぐに注目を浴びたのではなく、見向きもされない時代を経て、一九八〇年に佐藤全弘著『新渡戸稲造　生涯と思想』（キリスト教図書出版社）が出版された。佐藤氏は、図書館にあった新渡戸関係の書籍及び古本屋に廉価で眠っていた新渡戸の書物を渉猟して同書を著した。同書は、新渡戸の人生観、宗教、思想などの重要問題を分析した本格的な新渡戸研究書として知られている。その後、一九八一年に五千円札に新渡戸が採用されることが発表されると、俄に新渡戸研究にスポットライトが当てられるようになる。

その後、新渡戸研究は多方面から研究がなされてきたが、検討の俎上にあげられるべき三つの見方を示しておきたい。第一は、新渡戸の偉大さを褒め称え、新渡戸が行った事績を無批判に受容する見解である。確かに新渡戸は幅広い分野で活躍したが、植民政策に関しては現代では容易には首肯しがたい内容を含んでおり、主観的ではなく客観的分析に耐えうる新渡戸研究が必要と思われる。第二は、新渡戸が台湾統治及び植民政策に関わったことにより、体制一辺倒の人間であったと批判する見解である。現代の視点からすると、植民政策は日本の対外拡張路線の一翼を担うものであり、民族を越えて他国を統治することは、支配・服従の関係に繋がるものと受け取られる可能性がある。しかし、詳細を検討していくと、新渡戸の台湾統治の理念と当時の台湾総督府のとった政策は同じではないことがわかる。当時の日本の状況下で、どのような理念を新渡戸が持ち、それを実践していこうとしたのかを詳しく研究する必要がある。第三は、最も多く見られるものであるが、新渡戸は教育や国際連盟事務局次長としての働きはすばらしかったが、植民政策では当時の日本の潮流に流されて誤った方向に行ってしまったとする見解である。前者ではプラスの働きをしたが、後者ではマイナスの行動をしており、それでも差し引きプラスになるという見方をする人もいる。本来、人には良い面と悪い面があり、事績の面でもそれが言えるとするこの論理は一見、説得力を持つように見えるが、この見解に容易に同意することは難しい。上述したように、平等を説くクエーカーの思想から見ても論理矛盾であり、本来、新渡戸がとるスタンスとは思われないからである。本稿は右記の典型的な三つの見解を批判的に検討しつつ、まず、新渡戸の人格論に着目し、その人格論の上で展開された農業思想、植民思想、教育思想を検討しようとするものである。

本稿では次の三つの点に留意しながら考察を進める。第一は、従来の新渡戸研究では、新渡戸の人格論と政策論とが別々に議論され、両者が十分に交流しあって論じられてこなかったように思われるが、本稿では、人格論を踏まえた上で、そのことが農業思想、植民思想、教育思想にどのように反映したのかという視点で論じることとする。主に物質的観点から扱われる傾向にある農業思想、植民思想であるが、そのベースには人格論があると考えるものである。

第二は、新渡戸の封建制の理解のあり方である。一般に、封建制は悪しき過去の産物であり、新しき時代にはふさわしくないものとして取り扱われる傾向にある。福沢諭吉は身分制度を批判し「封建制度は親の敵」と言い、新島襄は、封建制の下では「自由」を得られないとして、命を賭して海外へ脱出していった。しかし、新渡戸は両者とは違い、人格的信頼関係の面において封建制への親和的態度を有しているのである。それは、新渡戸が幕末に生まれ、封建制の弊害を実体験していないという点もあるであろう。また、新渡戸の少年時代は明治の思想的混乱期と重なっており、その時期と比較すると江戸時代の方がまだ精神的に安定していたと新渡戸の目に映ったのかもしれない。新渡戸は、日本の封建制には問題点を認めつつも、江戸時代は「武士道」が機能しており、「忠義」が人間同士を信頼の上で強固に結びつけていたと見ている。武士と農民の間においても、支配・服従というよりもむしろ、保護・信頼の関係にメリットがあったと考えている。「武士道」は日本の封建時代に花開いた日本の思想と述べており、悪しき封建制の土壌の中でという捉え方はしていない。この封建制への親和的態度という点は、新渡戸の研究者があまり指摘してこなかった点である。新渡戸の関心は武士道にあったのではなくて、精神的デモクラシーともいうべき「平民道」にあったという見方をしている研究者は多い[(2)]。新渡戸は封建制のマイナス面を認めつつも、「武士道」を生んだ母体としての封建制に、ある種の評価すべき機能があったと見ていたのではないだろうか。

第三は、人格形成の点で新渡戸の果たした功績である。新渡戸の幼少期から青年期は、江戸時代の宗教、思想が否定され、自分の拠って立つ基盤が流動化していく中で、人間が生きていく倫理をいかに確立するかということが求められた時代であった。「武士道」を担う武士は、もはや存在せず、国民の大多数が農業に関わっている状況の中で、新渡戸は農民の倫理の確立が急務であると考えた。その際、農民の倫理をいかに形成するのか、これが本稿の第2章で扱っている課題である。新渡戸の名著とされる『農業本論』(一八九八年)は農業関係の書と捉えられてきた傾向にあるが、農民倫理の確立というところに焦点をあてると、『武士道』(一九〇〇年)、『修養』(一九一一年)と続く人間形成論の端緒と捉えることもできる。新渡戸は生涯をかけて人格形成をテーマにした。人格形成に重要な役割を果たした

「武士道」は新渡戸の脳裏から離れることはなく、そこにある生命を新しい時代の人格の形成力にしようと考えていたと思われる。

右記の課題を踏まえ、まず第1章で人格論を論じ、その上で第2章以下の農業思想、植民思想、教育思想を検討することとする。

第1章では、新渡戸の思想の核となった人格論をとりあげ、新渡戸の人格論の特質を論じることとする。新渡戸自身は、クエーカリズムとカーライルの影響を受けて人格を確立していくのであるが、それをそのまま日本人に適用しようとはせず、武士道の良質な部分を継承発展し、自分自身の努力、進取の気象を発揮することによって、人格形成は可能であるとした。(3) ここに新渡戸の人格論がキリスト教という枠の中にとどまらず、一般の人に受け入れられやすい普遍性を持つこととなった。本章では、日本における人格論の系譜を論じ、新渡戸の唱えた人格論の特質、また、日本思想史の中での位置について考察することとする。

第2章以下は社会経済思想である。第2章では農業思想を扱い、新渡戸の農業思想の根底には人格論があることを検証しようとするものである。『農業本論』は二つの点で後世に影響を与えた書であった。一つは、農業の働きを物的な現象面からだけではなく、背後にある精神面を研究対象とした点である。これは新渡戸独自の視点であり、それまでの農業思想の研究分野を大きく拡大するものであった。もう一つは、人間形成論である。日本の農民に欠けた徳目は何か、自立していくにはどういう徳目を必要とするか、いわゆる武士道の農民版とも言える「農民道」というものを新渡戸は論じているように思われる。

第3章は、植民思想においても人格論が深く関わっていることを検証するものである。新渡戸の説く植民は、開発の延長線上にあり、台湾の植民政策は新渡戸にとっては北海道開拓の延長線上にあるものであった。新渡戸はまず物質的に台湾を豊かにしようとし、それがある程度達成された後は、学校を作るなど精神的な開発を目指した。新渡戸の植民論の究極目標は精神の開発であったと言える。また、植民により環境が変化することで「進取の気象」「独立」という徳目が磨かれ、人間性もよりよい人格へと変化するという視点もあった。しかし、民族を越えて他国に介入する植民政策は現代では認められていないだけに、新渡戸の植民思想は慎重な検討が必要である。

第4章は、教育思想を扱うこととする。第2章、第3章が形而下に属するのに対し、第4章は、新渡戸の人格論が全面的に展開された形而上の分野であった。新渡戸は、男子のごく上層の教育だけではない、女性や社会的に恵まれない人々を含めた「小さき者・弱き者」を慈しむ教育思想を展開した。本章では、学校教育を受ける機会がなかった子どもたちに愛の手を差し伸べた札幌遠友夜学校と女子教育に焦点を当てて論じることとする。明治から大正期の日本の女子教育は、米国に比べて非常に遅れており、日本の男子には開かれていた大学への進学が閉ざされていた。また、良妻賢母という型にはまった教育ではなく、女性をまず一人の人格として扱うことを新渡戸は提案している。この人格中心主義というスタンスは、札幌遠友夜学校においても遺憾なく発揮され、全体主義に傾斜していく当時の日本の流れに抗した一つの方向性を指し示すものであった。

註

（1）佐藤全弘『新渡戸稲造と歩んだ道』教文館、二〇一六年、一四―四四頁。
（2）武田清子『土着と背教』新教出版社、一九六七年、一二四―一二五頁。
（3）新渡戸は「進取の気性」ではなく「進取の気象」と記している。

第1章　近代日本における人格論の系譜と新渡戸稲造

新渡戸の若き日（明治初期）は、江戸時代の思想が否定された混沌とした道徳的混乱期であった。新渡戸は、西洋の書物（カーライル）とキリスト教（クエーカー）によって、人格を形成していったが、自分の体験を一般化しようとはしなかった。ベルギーの大学教授ド・ラヴレーとの対話を通じ、日本には「武士道」があり、「武士道」が善悪を判断する重要な働きをしていることに気づかされた。一九〇〇年に『武士道』を出版し、日本人の人格形成を「武士道」から説き起こした。

新渡戸は「武士道」の説明を「義」から始めている。「義」はすべての根幹になるものであり、「仁」と「智」と「勇」に支えられると述べている。これを私なりに説明を試みると、例えば、いじめのない社会を義なる社会とすると、いじめられている人間がかわいそうだと感じるのは「仁」であり、いじめだと判断するのが「智」、その場に割って入るのが「勇」である。つまり、「仁」と「智」と「勇」があって、いじめを止められるのであり、「義」が保たれることになる。

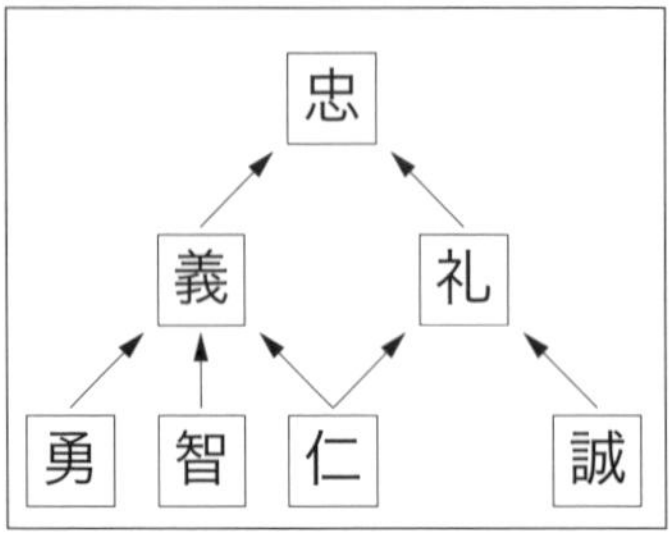

武士道の体系

新渡戸は、「武士道」の徳目の最上位に「忠」を置いた。「忠」は武士が最も希求した「名誉」のために行われるものであった。江戸時代、この「忠」の対象は封建君主であったが、いつの日か、神に向けられる日が来る日を新渡戸は待望していたと思われる。武士が消滅して四民平等となった後は、「武士道」のよき教えが一般に広がっていくのを、新渡戸は期待を込めて「平民道」（原語はデモクラシー）と呼んだ。闘争本能に根差した「武士道」ではなく、平和を希求し、お互いに尊重しあえる「平民道」の社会を、将来の日本のあるべき姿と捉えたのであった。

はじめに

新渡戸稲造の人格論を扱った研究文献は次のものがある。矢内原忠雄「新渡戸博士」『余の尊敬する人物』『矢内原忠雄全集　第二四巻』（岩波書店、一九六五年、一三四―一六六頁、初出一九四〇年）、湊晶子「新渡戸稲造の人格論・Personality の今日的意義」『東京女子大学比較文化研究所紀要　第七〇巻』（二〇〇九年）、佐藤全弘『新渡戸稲造の信仰と理想』（教文館、一九八五年）、三上節子『悲哀に根ざした愛の教育観』（麗澤大学出版会、二〇〇八年）等である。

一般に人格という語は幅広い概念を持っており、受け取り方もさまざまである。第1節では、近代日本において「人格」という語がいかに人口に膾炙していったのか、その軌跡を追い、新渡戸がどのように「人格」を理解したかに焦点を当てて論じた。

現在では人口に膾炙している「人格」という語は、明治の中期に初めて登場した語である。「人格」という語が使われる前、それに近い内容を持っていたと思われるのが、福沢が使った「気品」であった。福沢は「気品」が個人をも社会をも進展させるものだと考えていた。

それに対し、「人格」と同じ意味で「品行」という語を使用したのが新島襄である。

新島は品行を高尚ならしめることを教育の目的とした。新島が生きていた時代は「人格」という語は一般には普及していなかったが、一八七〇年代、personality という語を米国留学中に手紙で使っており、後にキリスト教宣教師になる新島は英語で「人格」に相当する語を使用していたと想定される。「人格」という語は、一八九〇年代の前半、東京帝国大学教授であった中島力造が同僚の井上哲次郎にpersonalityの訳語は何がいいかと尋ねたところ、井上が「人格」がよかろうと返答したことに始まる(1)。井上は、まっすぐに正しい徳を積み上げていく人格像をイメージしていたが、それを中島は一八九〇年代の後半以降、カント哲学のキーワードであるPersonに人格という訳語をあて、倫理学の分野に「人格」概念を広げていった。大正時代に入り、「人格」の内容をより一層キリスト教的にしたのが新渡戸である。そもそもpersonalityの語はキリスト教用語のペルソナから派生している。つまり、新渡戸は哲学的用語から西洋文明の核であるキリスト教にまで深化させていったのである。

第1節では、キリスト教的な意味を持った人格概念が、日本思想史の中でどのような役割を果たしたのかについて考察する。

第2節では、日本古来の武士道に焦点をあて、新渡戸の武士道理解を検討することとする。新渡戸は、日本人の人格形成に寄与したものとして「武士道」の影響は限りなく大きいと見ていた。新渡戸は、自分自身「武士道」による影響を受けて育っていることを回顧している。新渡戸の著した『武士道』は、日本の武士がいかに高いレベルの倫理観を持ち、西洋におけるキリスト教道徳に近いものを有していたかを論じたものである。新渡戸は「神はすべての民族や国民――異邦人であろうとユダヤ人であろうと、キリスト信徒であろうと異教徒であろうと――と「旧約」と呼んで差し支えない契約を結ばれた[2]」と言っている。武士道を聖書における旧約に相当すると捉えた新渡戸は、その上に何を接木すべきかを考えたが、アングロサクソンのキリスト教は武士道に接木するには貧弱であると見ていた[3]。おそらく、クエーカー的なものが最善と考えていたのであろうが、そこはキリスト教ではない何か別のものでも代替できると幅広く考えていたと思われる。

第3節は、新渡戸の信仰と精神世界を論じることとする。新渡戸は幼少期に明治維新を経験し、封建制度の廃止、西洋文明の流入等、思想的には混乱の時期を過ごした。当時を振り返って次のように記している。

「当時（一八七二年）の学校は、児童の道徳教育をかえりみなかった。学校は外国を模範にして建てられた。そして国家は道徳なしで偉大になれるとした。（中略）古い秩序はみるみるうちに崩壊し、道徳の道しるべも残さず、求める魂の寄り合う所もないという状態であった[4]」

新渡戸は、道徳のない時代に児童期を過ごしたがゆえに、自ら道徳を形成する必要性に迫られた。新渡戸が当初、模範としたのは西洋文明であり、その中核を占めたのが西洋的キリスト教であった。しかし、札幌農学校で教え込まれたピューリタニズムは結局のところ新渡戸の信仰の血肉とはならず、神との直接の交流を体験するクエーカリズムとカーライルの「力への意志」の哲学の影響を受けて、新渡戸は自らの「人格」を形成していったのである。

第1節　新渡戸の人格論の特質

I　気品・品行・人格

新渡戸に先行して、西欧をモデルとして人間形成を図ることを考えた人物として、福沢諭吉と新島襄がいる。福沢は、人格に近い概念として「気品」という語を用いている。福沢は、生まれながらに人を差別する封建制を嫌い、自主、自由、独立、自尊等の近代的主体となる観念を導入した。その考え方はヒューマニズム精神に満ちた功利主義と表現することができる。涵養すべき人間性についても、福沢の気品は社会生活を営む上で実践的な意義を有していた。気品は、個人だけでなく国家の信用の点でも重要であると考えていた。

気品が個人レベルで使用されている例として、「情慾は到底制止す可からず[5]」と題して次のように述べている。「人の心は身体と同様に不完全である。身体においては病気にならないように常に留意し不養生を避けるように気を配らねばならない。精神面においても人間の心は萬慾の府であるが故に肉慾界を遠ざかって心を高尚に導く必要がある。その方法としては、気品ある人に接してその言論を聞いたり高尚なる書を読むことも有益である。そして、ゆくゆくは全国男女の気品を次第次第に高尚に導いて真実文明の名に恥ずかしくないようにしたい[6]」と願望を述べている。福沢は「小にしては個人の気品を勧め、大にしては一国の位を高くせん[7]」ことを説き、質的に日本が西欧と肩を並べることを目指した。福沢が文明化の中身を問題にした点では評価できるが、「気品」とは何かを定義せず、また、どのようなことが気品に該当するのかも不明確であった。いわば、西洋文明を漠然と取り入れようとしたことの帰結が、福沢の気品論であったと言える。

次に新島襄であるが、personality に品行という語を使用している。明治十年代、まだ、personality の訳語が決まっていなかった時代、人品、有心者、品位、品格等が使用されていたが、新島は品行を訳語としてあてた。新島は、幕末の動乱期、封建制度の重圧に抵抗し、自由を重んじる西洋文明にあこがれて、一八六四年に米国へ向けて密航した。約一〇年に及ぶアメリカ滞在中、キリスト教信者となり、宣教師として日本に帰国した。そして同志社を創立するのであるが、晩年、新島は次のように記している。

「理想とする教育は、決して一方に偏したる智育にて達し得べきものに非ず、（中略）儒教主義の能くす可き所に非ず、唯だ上帝を信じ、真理を愛し、尋常を厚くする基督教主義の道徳に存する事を信じ、基督教主義を以て徳育の基本となせり。其目的とする所は、独り普通の英学を教授するのみならず、其特性を涵養し、其品行を高尚ならしめ、（中略）良心を手腕に運用するの人物を出さんことを勉めたりき[8]」

新島は一八七三年、養父ハーディーに宛てた手紙の中で personality という語を使っている。キリスト教文明に接した新島にとって、personality は身近な語であった。新島は日本語で人格という語を使用していないが、その中身は十分に把握していたと思われる。新島の教育観は、神の子どもとしての人格主義を唱え、キリスト教を全面に打ち出す立場であった。

新島と新渡戸の違いは、後述するように、新渡戸が人格という語をキリスト教だけに限定せず、日本社会に適合するようにもっと幅広い内容を含むように変えていった点にある。

II　明治期における哲学的用法としての「人格」

人格という概念について、新渡戸は晩年、次のように述懐している。

「西洋人は、パーソナリテーを重んずる。パーソン即ち人格である。日本では人格という言葉は極めて新しい。私等が書生の時分には人格という言葉はなかった(9)」

新渡戸が書生の時代というのは、一八七〇年代から八〇年代を指すと思われる。井上哲次郎が「人格」と訳したのが一八九〇年代前半だとすれば、新渡戸の記憶はそれと符合する。以下、人格という語が近代の日本でどのようにその意味・内容を変えながら広がっていったのかを考察する。

麻生義輝は『近世日本哲学史』の中で「元来、封建社会においては、人格という概念はなかった。元来我が邦には、この人格という意味に該当する言葉は欠けていたのである」と述べている。それでは、人格という語を創始した井上がこの語に込めた思いは何だったのであろうか。井上は教育勅語の解説を書いており、倫理的規範を築きあげていくことを推奨した学者であった。人格の「格」は、「長く伸びた木」が元来の意味であり、まっすぐで正しいことを意味する。人格と翻訳した人物の思いを越えて、中島力造がカント哲学のPersonの訳語に人格をあてていったことで、哲学的意味を持つようになる。

新渡戸はある哲学者からの引用として、人格を次のように定義している。

「人格観念とは、それぞれ人間には、財産、肉体の健康と美醜、知的才能などにおけるあらゆる差異に関わりなく、人間存在の本質をなし、人間を他のいかなる人間とも異なるものにしながら、お互いに平等にしている、あるもの（something）が存在しているという意識である」[10]（加藤英倫訳）

この定義の最初の部分（財産、肉体の健康と美醜、知的才能に関わりなく）は、アメリカの民主主義的な観念からも導くことができる。この点、新渡戸は次のようにも述べている。

「日本では人格を認めることに就て、非常に欠けて居るところがあると思います。それは人を席見する時に、最もよく表れることで、服装や肩書の一切を除き去った本来一個の人格として話をしません。先ず、官位や肩書を以てその人を律する。官位や肩書がなければ、服装を以て評価するやうな訳で、人格そのものを見ないで、その人間に附属した物だけを見る傾向があります。（中略）すべての虚飾を去った人間対人間と云う、謙遜な博大な態度が欲しいと思います[11]」

次の「人間存在の本質を為し」というところは、カント哲学の影響を受けていると思われる。カントは人格を自らの理性の命じる道徳法則に従って自律的に行為する自由な道徳主体と捉え、人間は快楽への傾向を持つ自然な存在であると同時に、理性の立法する道徳法則に従って自律的に行為する自由な主体であると考えた。さらに、人格は目的として尊重されるべきで、他の手段や道具となるべきではないとも説いている。人格論は近代哲学ではカントから始まると新渡戸は述べているが、その中でも「自律的人間」というところに力点を置いている。他者からの影響を受けずに、天との交流を通して、自分自身を律するという生き方、そういう生き方を新渡戸は理想としていたと思われる。

定義の最後の部分である「人格は人それぞれに異なっているが、お互いを平等にしているあるもの（something）が存在している」という箇所は、次のように解される。新渡戸は札幌農学校の若き日から個性の違いについて悩んでいた。おそらく、自分が内向的であり、外向的な人間をうらやましいと思うが故に、個性の違いは、上下関係とも結びつくと考えていた可能性がある。しかし、人格に絶対的価値と人間の尊厳があるのであれば、個性の違いは上下の関係にはならず、両者は対等であることになる。お互いを平等にしているあるもの（something）とは、神の被造物である人間同士は、神を媒介にして平等であるという意識が新渡戸に芽生えたのだと思われる。

Ⅲ　大正期、新渡戸が「人格」概念に付加した二つの視点

それまで使用されていた「人格」概念に、新渡戸が付加したものとして、第一に、personality の原語の持つ persona の意味を付け加えたことである。カント哲学にもキリスト教的背景があるが、より一層、キリスト教に近づけたのが新渡戸であった。第二に、キリスト教的概念を内側に含みながら、実際に「人格」という語を使用する時は、「天」との交流という表現を用い、キリスト教の「神」ではなく、日本人になじみのある「天」という語を用いた点である。

新渡戸は「人格の意義」の中で次のように述べている。

「西洋では、基督教でいふ三位一体——スリー・パーソンス・イン・ワン、三人のパーソンが一つの神なりとの教義がある。この言葉の真意は、私にもよくわからないが、所謂三位一体なるものが、基督教の主なる教義になつたがために、誰人も基督教を信ずる者は、パーソンといふことについて、相当に知識を得なければならなくなつた。中古の宗教論を見ると必ずパーソン論即ち人格論といふものがある(12)」

新渡戸は、父なる神、子なるキリスト、聖霊の三位一体について言及し、personality の語にはキリスト教が関わっていることを示唆している。人格論の根源は、西暦紀元から六世紀までの神学的見解に基

づいているが、その中でも、三位一体論を議論した三二五年のニケーアの公会議及びイエスは神性と共に人性を有するという四五一年のカルケドンの会議は特に重要である[13]。新渡戸は、神性と人性を持つイエスに着目し、イエスが父なる神と縦の関係を持ち、また、人間へ愛を注いだ横の関係も重視したところに、理想的モデルを見出したのではないだろうか。新渡戸は、よくわからないがと言っているが、当時において可能な限り初期のキリスト教に関する書物を収集し研究している[14]。人間は神に似せて造られているので、人間には尊厳があるというところから出発し、イエスに理想的境地を見出し、縦の関係と横の関係において人生を捉えたところに新渡戸の人格論の骨格がある。まず、自分と神という精神世界における関係があり、そこで自由なる存在として神と交わり、神との交流をした後にこの地上における人間同士の横の関係を結ぶ。新渡戸は、神と交わることで「個」というものを強く意識し、その「個」が交流しあう「社交性」に重きを置く思想家であった。

しかし、一般の人に人格概念をキリスト教で説明するのは難解であると同時に反発を買う可能性がある。そこで、「神」を「天」に置き換えて説明を試みた。毎日、五分から一〇分、黙想せよと説いたが、仏教でもいい、神道でもいい、とにかく人間を超えた存在に対して心の交流することを勧めたのである。

新渡戸と新島の距離は、新渡戸と福沢よりも近い。しかし、新島がキリスト教精神によって人格を形成しようとしたのに対し、新渡戸は、他の宗教をも含む天の概念で構築しようとした。新渡戸は、キリスト教に代わる日本古来の教えや題材を使って人格形成ができないかと広くその方法を探した。自分が創立した札幌遠友夜学校においても、キリスト教教育を展開できる環境にありながらも、聖書の授業などは行っていない。これは、キリスト教教育を行うことによって、入学を躊躇する生徒・親がいるためであり、間口は広くあけておくべきという考えがあったからである。新渡戸はキリスト教を全面に出すことはなるべく控え、本質を重視したのである。この点、生徒をキリスト者にしようとした新島とは決定的に異なる。

Ⅳ　日本思想史の中における「人格論」の位置づけ

新渡戸の「人格論」は、幕末以降の日本思想史の中でどのように位置づけられるのであろうか。武田清子氏は『土着と背教』で次のように述べている。

「福沢諭吉らの唱えた自主・自由・独立・自尊の開化主義教育は明治十年代に国家主義的修身教育思想の勃興と共に、近代日本の学校教育からだんだんと閉め出され（その功利主義、立身出世主義の側面は富国強兵忠君愛国の国家主義と結合して残ったが）さらに明治二十三年、教育勅語が渙発されたあとは、いわゆる『国家と宗教の衝突論争』などを通して、キリスト教の人間尊重思想に基づいた教育が、国家主義、愛国主義に反するものとして国家主義者たちから迫害を受け、日蔭者の立場に追い込められたことは周知のことである(15)」

武田清子氏は、自由思想家の福沢と、新島をはじめとするキリスト教を基盤とする教育者は、明治十年代にその開花する芽を摘み取られてしまったと考えている。そして、大正時代に入り二つの自由主義思想の流れが形成された。一つは、漱石から影響を受けケーベルから西欧的教養と学問的訓練を受けた教養派の人達であり、具体的には、阿部次郎、和辻哲郎らによって代表される。もう一つは、新渡戸や内村らの指導を受けたキリスト教信仰に基づいた人格主義的教養主義である。[16] 前者は、人格的実践的関心よりも知的文化的関心に特色があり、本来信仰の対象であった古寺古仏を美術品として扱ったことにより、歴史形成力を失っていったと武田氏は見ている。他方、新渡戸の唱えた人格論の継承者は、太平洋戦争へと向かう過程では弾圧、迫害にあうが、戦後、新渡戸の人格論を復活させ、一九四七年に成立した教育基本法第一条「教育は人格の完成を目指し……」に結実させた。非キリスト教国日本の中で地下水脈のように流れている「人格論」は形を変えながら今後も日本社会の中で生き続けると思われる。

註

(1) 佐古純一郎『近代日本思想史における人格観念の成立』朝文社、一九九五年、一六頁。
(2) 新渡戸稲造著・佐藤全弘訳『武士道』教文館、二〇〇〇年、二九頁。
(3) 同右、二三六頁。
(4)「幼き日の思い出」『全集　第一九巻』六二四頁。
(5) 福沢諭吉「福翁百話」『福沢諭吉全集　第六巻』岩波書店、一九五九年、二七七―二七九頁。

（6）『福沢諭吉全集　第七巻』二六〇頁。
（7）『福沢諭吉全集　第六巻』三二〇頁。
（8）新島襄「同志社大学設立の旨意」明治二十一年十一月『新島襄全集　第一巻』同朋舎出版、一九八三年、一三二—一四〇頁。
（9）「人格の意義」『西洋の事情と思想』『全集　第六巻』五六三頁。
（10）「日本人の特質と外来の影響」『全集　第一八巻』四二一頁。（原文は英語。一四巻四五九頁）
（11）「婦人に勧めて」『全集　第一一巻』四六—四七頁。
（12）「人格の意義」『西洋の事情と思想』『全集　第六巻』五六三—五六六頁。
（13）古代キリスト教の教理に関しては次の本が詳しい。坂口ふみ『〈個〉の誕生　キリスト教教理をつくった人びと』岩波書店、一九九六年。
（14）東京女子大学図書館の新渡戸文庫には、新渡戸が保有していた初代教会の教父学に関する文献が多く遺されている。
（15）武田清子　前掲書、一二八—一二九頁。
（16）同右、一三八—一三九頁。

第2節　『武士道』
――武士道の徳目を英語で表現する苦闘と接木形態――

I　『武士道』執筆の動機

新渡戸稲造は、一九〇〇年に英文で、"BUSHIDO : The Soul of Japan" を米国で発行し、日本人の精神構造の根源を武士道に置いて説明を試みた。その際、二つのフィルターが存在したように思われる。第一のフィルターは、新渡戸が、武士道を日本語でどのように理解したかである。そして、第二のフィルターは、それを英語でどのように表現したかである。英語で表現するにあたって、新渡戸は外国人が理解しやすいように、ある徳目を省いている。また、元来は儒教の徳目であった仁義礼智信を英語にするにあたって、変更を加えている。新渡戸の使用した英語に、どのような意図が含まれていたのか、それを探ることが第一の目的である。

新渡戸は武士道に基づいた日本の伝統文化の中に「旧約」に相当するものを見出した。そして、その上にキリストの心を結ぶことにより、日本は発展していくという考え方をとった。武士道から何を汲み取り、どのような未来を想定していたのであろうか。平民道(1)への道を描いていた新渡戸のキリスト教受容のあり方は、内村鑑三と同様、武士道に接木したと言えるのであろうか。接木形態をめぐって武士道とキリスト教受容のあり方を考えることが第二の目的である。

『武士道』を書いた動機として次の三点があげられる。第一に、ドイツ留学中、ベルギーの大学教授ド・ラヴレーから「宗教教育のない日本で、どのようにして道徳教育を授けているのですか」と問われ、当惑したことである。(2) 新渡戸はこの時二十五歳、ド・ラヴレーは六十五歳、新渡戸が積極的にアポイントをとり、留学先のドイツからベルギーのリエージュまで出かけていって教えを請うた時の対話である。また、同じ質問が妻のメリーからなされていたことも興味深い。国際結婚をした場合、相手の道徳観が如何なるところからきているのかを知ることは、結婚生活を送る上で極めて重要であったと推察される。第二に、日本人が好戦的、野蛮な国民ではなく、礼儀を備えた文明国の民であることを立証したかったという点があげられる。新渡戸が生まれた一八六二年は、生麦事件が起こった年である。英国人をはじめ、被害を受けた外国人は、日本人は大きい刀で他人を刺し、小さい刀で自分を刺す（切腹）と考え、その悪評が海外に広がっていた。新渡戸はその悪評を払拭したかったと思われる。第三に、二十世紀に入ろうとしていた当時は西欧的合理主義の横行した時代で、新渡戸は日本の精神までもが西洋化していくことを危惧していた。そういう時代背景の中で、日本古来の武士道に着目し、日本がさらに向上していくことを願っていたという点がある。武士道から平民道、そしてキリスト教へと広がりをみせる部分は、新渡戸の将来の日本への期待が感じられるところでもある。

新渡戸の英語は、海外の知識人層に向けて書かれた格調高いものであった。彼は、欽定訳聖書（"King James Version" 以下、KJVと略）を使用していたが、武士道を説明するにあたって用いた英語が、

ＫＪＶで使用されている語かどうかを調べ、その頻度も検討の対象に加えた。その結果、ＫＪＶの語と新渡戸の英語は、重なっている部分とそうでない部分があることが判明し、その英語の使い方に新渡戸の思想の一端を垣間見ることができる。

Ⅱ　日本の武士道の全体的理解

新渡戸の武士道の当初の構想は、次のようなものであった。

「私は武士道といふものについて、三十年ばかり前、少し書いて見たことがある……武士道とはどんなものかといへば、要素はたくさんあらうが、要するに、その根本は恥を知る、廉恥を重んずるといふことではないかと思ふ。英語でいつたならばディスオーナー、なるほど武士道といへば、先づ君に忠、親に孝、仁義礼智信など考へられるが、数へ来れば、まだまだ項目はたくさんあつて、仁義礼智信だけでは足りさうもない。けれども煎じ詰めたところは、恥を知ることであらうと思ふ(3)」

新渡戸は、この全体的理解から、孝を除いた。それは、「孝に対する西洋人の感じ方を自分は知らない、それゆえ、得心のゆく比較をすることができないからである」と、『武士道』の序文で述べている。徳目の最高位に忠を置き、忠を支えるものとして、義と礼があり、義を支えるものとして仁、勇、智の三本の鼎足があるとした。そして、礼を支えるものとして、仁と誠を置いた。最終的に武士が希求するものは名誉である。名誉の反対の概念が恥であり、恥を知るとは、名誉を重んずることの裏返しである。封建時代、日本の武士たちはこの恥を知るということを幼少時より叩き込まれたと新渡戸は見ている。

『武士道』では、まず、第一章で、武士道の定義（道徳体系としての武士道）、第二章で、武士道の源泉（神道、仏教、儒教等）を扱い、以下、個別的徳目が続き、「第三章　義」、「第四章　勇気」、「第五章　仁」、「第六章　礼」、「第七章　真実と誠実」、「第八章　名誉」、「第九章　忠義」の順で書いている。

Ⅲ　武士道の徳目を英語で表現する苦闘

○第三章　義

新渡戸は『武士道』の第3章で、RECTITUDE OR JUSTICE というタイトルをつけ、義について述べている。日本語で義と訳されている英語は以下の三つである。

Rectitude : the quality of thinking or behaving in a correct and honest way(4)

人間の思考・行動について正しく全うであること。実直、廉直、正直《せいちょく》と訳される。

ＫＪＶでは使用されていない（eBible-J 聖書検索による）

Justice　：the quality of being fair / fair treatment of people

公義、公平さと訳される。

ＫＪＶ　（旧約）二八箇所、（新約）０

Righteousness：morally right and good / morally acceptable or fair

道徳的に正しく、善であること。公正さと訳される。

聖書で使用される righteousness は、神との融和という意味がある。

ＫＪＶ　（旧約）一九九箇所、（新約）一〇四箇所

第三章の義の箇所は、新渡戸の思想を理解する上で極めて重要である。新渡戸は、武士道の義を説明するにあたって rectitude という語をあてている。rectitude（義）は、率直で正直な最も光り輝く宝石であり、武士の掟中、最も厳格なる徳であった。

rectitude（義）の観念は誤謬であるかもしれない――狭隘であるかもしれないと前置きし、二人の武士の義の定義を引用している。ある著名な武士は之を定義して決断力と為した。「義は勇の相手にて裁断の心なり。道理に任せて決心して猶予せざる心をいうなり。死すべき場合に死し、討つべき場合に討つことなり(5)」別の武士は、「義は、人の体に骨あるがごとし。骨なければ首も正しく上にあることを得ず、手も動くを得ず、足も立つを得ず、されば人は才能ありとても、学問ありとても、義なければ世に立つことを得ず(6)」右記の二人の武士は、一直線に自己の思う道を突き進み、不運のうちに没したという

点では共通している。

これに対して、新約聖書において、「義に飢え渇く者は幸いである」（『マタイ』五章六節）という箇所の義は、righteousness をあてている。また、イエスは自らを、失われた者が見出される唯一の義に至る道（the way of righteousness）と述べており、信仰との関連で righteousness が使用されている。新渡戸は、武士道の義を説明するにあたっては、rectitude という語を使い、righteousness という語は避けているように思われる。しかし、公義、公平という意味での justice とは共通性が見られるとして、タイトルを RECTITUDE OR JUSTICE としたのではないだろうか。つまり、justice に含みを持たせて、東洋と西洋を結ぶ語として使用したと思われる。

ここで興味深いのは、justice の使い方である。justice は、ＫＪＶでは旧約聖書でのみ使用され、新約聖書では出てこない語である。新渡戸は、『武士道』を執筆する前、札幌農学校教授時代の一八九四年に『ウィリアム・ペン伝』(7)を著した。その中でクエーカー教徒としての一一の徳目をあげているが(8)、その中に justice が入っているのである。新渡戸は義と訳しており、justice は神の属性であり、人も持つべき徳であると解説している。新渡戸が武士道の徳目の中で、義を最初にもってきたのは、義がなくては社会が存続できないという側面と同時に、神の属性を人間も持つべきという点も示唆していたのではないだろうか。そうすると、新渡戸の書いた『武士道』は、日本の武士道そのものを説明するのみならず、聖書の思想にまで開かれた道を提起しているということになる。この点は、日本人のキリスト教受容のあり方という議論にまで発展していくと思われる。

○第四章　勇気

新渡戸は、第四章で、COURAGE, THE SPIRIT OF DARING AND BEARINGというタイトルをつけ、勇気について論じている。courageは、righteousnessのために行われてこそ、徳として意味を持つと新渡戸は考えた。勇とは正しいこと（義）を為すことであり、義と勇は「双子の兄弟」である。孔子は「義を見てなさざるは勇なきなり」と述べており、義が主であり、勇はその僕である。新渡戸は、勇を二つの側面から見ている。敢為の行為（daring deeds）が勇の動態的表現であるのに対し、静穏（tranquility）はその静態的表現である。真に勇ましい人は、常に静穏であり、新渡戸は、この心をa capacious mindと呼び、そのあとに（yoyu）（余裕の意）とローマ字で付け加えている。武士道の勇気は十分に英訳できない内容を含んでいることを示唆している。

Courage — KJV　（旧約）四〇箇所、（新約）二箇所

○第五章　仁（BENEVOLENCE）

愛、愛情、同情、憐憫と訳される。つねに最高の徳、つまり人間の魂に備わったあらゆる性質の中で最も高いものとされる徳である。義が男性的であるとすれば、仁は女性的な柔和さを持つ。新渡戸は包み込むような愛の表現として、この語を使用している。武士道を生んだ東洋の封建制の社会が欧米人の見るような専制政治とは違うということを主張したかったと思われる。儒教の仁の英語訳もbenevolenceである。

Benevolence — KJV　（旧約）0、（新約）一箇所

○第六章　礼（POLITENESS）

Politeness : having or showing good manners and respect for the feeling of others

他者の心情を慮って敬意を表し、礼を尽くす

作法の慇懃鄭重は、日本人の著しき特性であり、他人の気持ちを思いやる心の表れである。儒教の礼の英訳は courtesy であり、politeness と訳したのは、新渡戸流の意訳である。新渡戸は明治維新以後、日本人が礼節を失いつつあることを憂えており[9]、いかに、武士道の中で、礼の占める位置が大きかったかがわかる。実態の伴わない表面的・形式的な礼は無意味であるとして、礼を支えるものとして、仁と誠が必要と新渡戸は述べている。

Politeness — ＫＪＶ　（旧約）０、（新約）０

○第七章　真実と誠実（VERACITY AND SINCERITY）

日本の武士は特にこの徳を重視した、と新渡戸は考えている。誠という漢字は、言と成が結合してできた語である。嘘やごまかしは卑怯と見做され、武士がいったん口に出したことは命がけで守らねばならないとされた。sincerity は、儒教の信の英訳である。

Veracity — ＫＪＶ　（旧約）０、（新約）０

Sincerity — ＫＪＶ　（旧約）一箇所、（新約）六箇所

○第八章　名誉（HONOUR）

武士が特に重んじた徳で、武士道の根幹にあたるものと新渡戸は見ていた。武士たちは名誉が得られるならば、生命さえ安価であると考えた。日本では恥を知るという形で幼少期より教え込まれ、名誉を重んじることが強調された。名誉は、人格の尊厳と価値について意識することを含んでいる。それは、自己の身分に伴う義務と特権を生まれながらにして自覚するというサムライの特徴をなすものであった。

Honour ― ＫＪＶ　（旧約）一二一箇所、（新約）五七箇所

○第九章　忠義（LOYALTY）

忠義の概念は、西洋の騎士道にも存在するが、人倫の最高位に置いたのは日本人のみであると新渡戸は考えた。名誉や名声を得られるものの中に忠義があり、忠義（目上の者に対する服従及び忠実）は、他の封建道徳と異なり、武士階級に特有の徳目であった。ちなみに、戦後、来日したエミール・ブルンナーは、一九五五年の講演で忠義に関して次のように述べている。

「日本人はその性格の中に「忠義心」という特性を持っております。（中略）今や日本人には、新しい、もっと高い忠誠の対象が必要です。それは、絶対に宇宙の主以外のものではありえません。かかる忠誠には、偏狭な国家主義に陥る危険はありません。十年前、皆さんは偏狭な国家主義がどのような結末を生むかを身にしみて味わってこられたはずです。新しい日本は、その偉大なる心をまことの

主に捧げるのでなければなりません。その時この勇敢な心は世界に平和をもたらすのであります」[10]

『武士道』の中では明言を避けているが、武士道の忠義の対象が、封建君主から神へと向けられることを新渡戸が期待したことは十分に想定される。そこに新渡戸の将来の日本にかける希望が存在したと思われる。

Loyalty ― ＫＪＶ　（旧約）０、（新約）０

（小括）

『武士道』の中の、義と勇についての英語表記を見ていくと、義に関しては rectitude と righteousness を対比させ、勇に関しては、courage と valour を対比させて論じている。righteousness を行うのが courage であり、valour（剛勇）は、戦闘で猪突的行為に走ることもあり、courage とは同一視できないと新渡戸は述べている。しかし、その valour が単なる武勇に終わることなく、the spirit of daring and bearing に結びついて、benevolence に近づくことができると新渡戸は考えていたのではないだろうか。『武士道』の第五章に、「最も勇敢な者は最も優しい者であり、愛する者こそ敢為の人である」という表現がなされていることから、rectitude ― valour ― benevolence という線を描いていたことが推察される。politeness は、その最高の形態においては、ほとんど愛（love）に近づくという表現を新渡戸がしていることから、武士道の最高レベルはキリスト教に接近したものであることを暗示している。そして、武士道の veracity は、honour に通じる徳であり、honour, loyalty は、騎士道にも出てくる語である。新渡戸は、西洋人にも親しみのある語で、武士道の中核になる思想を説明しようとしていたことがわかる。

ＫＪＶとの関連で見ると、新渡戸が武士道の徳目としてあげた語― justice, courage, honour は、ＫＪＶにも多く用いられている語であった。一方、loyalty, rectitude, politeness, veracity の語は、ＫＪＶでは全く使用されていない語であった。特に忠・義・礼にあたる loyalty, rectitude, politeness の三語がＫＪＶに使用されていないというのは、ある意味、聖書の世界と武士道の世界の距離を示していると思われる。しかし、そういう中にあって、rectitude が justice の意味と重ね合わせることができるとするのであれば、聖書の世界との連続性が可能となる。rectitude のように聖書に使用されていない語は、東洋、西洋にまたがる語として新渡戸が慎重に選んだものと思われる。バイリンガルであった新渡戸は、『武士道』の説明にあたって、語彙をよくよく考え、丁寧に武士道の思想をまとめていったことがうかがわれる。

Ⅳ　平民道

「山に太陽が当たると、まず最高峰の頂を紅に染め、それから漸次、その光を下に投ずるがごとく、まず、武士階級を照らした倫理体系は時を経るに従い、大衆へと広がっていく」（『武士道』第一五章）

第一五章から新渡戸は、武士道から平民道へと大きくテーマを転換する。それまで、武士の美徳である目立った頂きのいくつかを示してきたが、武士道の徳それ自体は、日本の国民生活の一般水準よりはるかに高いものであった。武士は民衆に道徳的標準を示し、民衆をその手本で導いてきたが、その高き教えが一般に広がっていくのが平民道である。デモクラシーを日本語で民主主義と訳すと、「国体」に抵触する可能性もあり、新渡戸は平民道という語を使用した。一九〇四年に新渡戸は平民道という語を初めて用いたが、広く知られるようになったのはもう少しあとである。一九一六年に吉野作造が民本主義を唱道した頃から、新渡戸も平民道を唱えている。平民道という語が一般に普及したのは大正時代であるが、新渡戸は『武士道』の中でdemocracyという語を使っており、「吾輩の主張は今回に始った事でなく二十年已来の所信であった」と一九一九年に発行された「デモクラシーは平民道[11]」の中で述べている。

「花は桜木、人は武士と謳った時代は過ぎ去って、武士を理想あるいは標準とする道徳もこれまた時世後れであろう。それよりは民を根拠とし標準とし、これに重きを置いて政治も道徳も行う時代が今日まさに到来した、故に武に対して平和、士に対して民と、人の考がモット広くかつ穏かになりつつあることを察すれば、今後は武士道よりも平民道を主張することそ時を得たものと思う」

『武士道』の最終章でも触れられているが、十九世紀後半、怒涛の如く押し寄せてきた西洋文明の洗礼を受けた日本は、古来から継承してきた訓育の一切を根こそぎはぎとられてしまったのかという憂鬱が新渡戸にはあった。唯物主義、功利主義の波が日本に押し寄せ、かつて日本の武士が持っていた高き魂が死滅してしまう危機に瀕していた。その時、新渡戸は古き武士道の高き精神性に着目し、そこから広く派生していく平民道に、日本の将来を託したと思われる。

武士道と平民道の関係について、新渡戸はその相違にも触れ、次のように言っている。武士道が、闘争本能（the fighting instinct）に根ざしており、かつてはそれが高尚な感情や徳を生んだが、封建制度が終焉を迎え、もはや武士階級は存在せず、新しい時代に入っている。それに対し、平民道は、神聖な本能である愛（a divine instinct to love）に根ざしている。今や時代は大きく変化し、闘いを本務とした武士たちが使命としていたものよりも、さらに高く、さらに広い使命に私たちの注意を向けなければならない。人生観の拡大、デモクラシーの発達、他国に対する知識の増進、臣民（subject）から公民（citizen）、そして人（men）へと時代は大きく動いていく。社会情勢も大きく変化し、世の中は武士道に敵意さえ示すようになっている。今や武士道のために名誉ある葬送の準備をなすべき時であるとまで新渡戸は述べているのである。[12] 新渡戸の一般民衆への教化は、単に理論に留まるものではなく、実践されていることを忘れてはならない。貧しくて学校に行く機会のなかった子どもたちに、遠友夜学校[13]という働く青少年の夜学校を創設したことは特筆に値する。

この学校は一八九四年に創設され、一九四四年に幕を閉じるまで五〇年間続いた。遠友夜学校は、新渡戸夫人の一〇〇〇ドルという寄付でもって始まり、学校に行くことができなかった人達に無料で教育を受ける機会を提供した。遠友夜学校の教師になってくれたのは、ボランティアの札幌農学校（後の北海道帝国大学）の学生たちであった。その後、寄付金を集めてこの学校は維持されていったが、新渡戸の思想に共鳴する多くの人々の協力があったことの表れでもある。新渡戸は決して、東大教授、一高校長として、エリート学生だけを教育したのではない。女子教育にも関わっており、また、『実業之日本』などの通俗雑誌にも文章を載せ、一般市民の教育に尽力している。広く読まれた『修養』（初出一九一一年）は版を重ねること一四〇版にも及んだ。このように新渡戸の平民道が実践を伴っていたという面も見逃すことができない。

Ⅴ　新渡戸のキリスト教の「接木型」の形態

クエーカーであった新渡戸が、どのようにキリスト教を受容したかという点は興味深い。武田清子氏は、日本のキリスト教の受容のあり方を、「埋没型」「孤立型」「対決型」「接木型」「背教型」の五つに分類した。[14] その中で「接木型」及び「対決型」のキリスト者として、内村鑑三をあげているが、新渡戸の場合はどうであろうか。

内村鑑三は『聖書の研究』一八六号（一九一六年一月十日）で次のように述べている。

「武士道は日本国最善の産物である、然し乍ら武士道其物に日本国を救ふの能力は無い、武士道の台木に基督教を接いだ物、其物は世界最善の産物であって、之に日本国のみならず全世界を救ふの能力がある」[15]

これに対して新渡戸は、『武士道』の序文で次のように述べている。

"I believe that God hath made a testament which may be called "old" with every people and nation, — Gentile or Jew, Christian or Heathen."

「私は、神はすべての民族や国民——異邦人であろうとユダヤ人であろうと、キリスト信徒であろうと異教徒であろうと——と「旧約」と呼んで差支えない契約を結ばれた、と信じている」（佐藤全弘訳）

新渡戸は、あえて the Old Testament という表現をせず、a testament which may be called"old" という慎重な言い回しで「旧約」を表現している。

『武士道』一六章には次のような文章がある。

"Christianity in its American or English form — with more of Anglo-Saxon freaks and fancies than grace and purity of its Founder — is a poor scion to graft on Bushido stock."

「アメリカ的またはイギリス的な形式のキリスト教は——その創始者の恩恵と純粋よりもむし

ろアングロサクソン流の気まぐれや空想を伴っている——武士道の幹に接木するには貧弱な接芽である」（佐藤全弘訳）

このあとに、新しい信仰の伝播者は、幹も、根も、枝もすっかり根こそぎにして福音の種をその惨害をうけた荒土に播くべきであろうか。こんなやり方は、日本では、全く断乎として不可能である。否、それはイエスご自身が地上にその王国を建てるに当たって、決して採用されなかった方法である、と続く。

『武士道』の最後の章である第一七章では「武士道の将来」と題して次のように述べている。

「日本人の心によって保証され、了解されたがままの神の国の種は、武士道となって花開いた。今やその日は暮れつつある——悲しいことに、その完熟に至るまえに——そこで私たちは、あらゆる方向に向かって、その美しさと光、力と慰めの他の源を求めているのだが、これまでのところ、その中に武士道に代わるものは一つも見つからない。功利主義や唯物主義の損得哲学は、魂の半分しかない屁理屈屋のあいだで人気を博している。功利主義や唯物主義と張り合えるだけの力がある唯一の他の倫理体系とは、キリスト教だけである」（佐藤全弘訳）

神の国の種子が、日本人の心に落ちて、その土壌になじんで葉を繁らせ、武士道の中で花を咲かせた。ただ悲しむべきことに、成熟期を待たずして、武士道には早くも日没が訪れようとしている。武士道以外に何か美と光の、また力と慰めの源泉はないものかと八方に手を尽くしたが、いまだに、武士道に代わり得るものは発見されていない。功利主義者や唯物論者を向こうに回して堂々と戦い得る唯一の道徳体系は、キリスト教しかないと、新渡戸は『武士道』の中で述べているのである。

ここで、新渡戸は、内村鑑三同様、武士道に接木されたキリスト教を提起しているのであろうかという問いが生じてくる。

武田清子氏は新渡戸のキリスト教受容のあり方を、内村鑑三のタイプの接木型の中に含めず、特別に章を設け、次のように規定している。

「新渡戸の関心は武士道にあったのではなくて、日本民族の文化、思想、その考え方や生き方の中にあるものを大切に掘りおこし、そこにある生命をさらに前向きに新しい価値実現への歴史形成力たらしめることだったといっていいのではないかと思う(16)」

「日本の異教的な精神的土壌に対してもその非を指摘して闘いを挑むよりも、むしろやさしくつつみこみ、その中にかくされたよき萌芽を見出し、キリストの愛によって暖め育てながらだんだんに新しいものにつくりかえてゆくといった対し方をした。手放しの妥協ではなく、価値観の対決的なものを底にひめながらも、彼はあくまでも抱擁的であった(17)」

「彼は平凡なる民衆をして本当に人間らしい人間として互いに尊びあえる平和の民として自覚的たらしめる『平民道』の形成・確立に努めた。それは精神的デモクラシーともいうべき『平民道』のイメージであった(18)」

一方、古屋安雄氏は、新渡戸は、武士道に接木するという考えは全く持っていなかったと指摘している。

「新渡戸はその著書『武士道』で有名となり、そのためにあたかも彼自身が武士道の主唱者のように思われているが、実際には彼ははじめから平民道つまりデモクラシー、民主主義の主唱者なのである。彼は武士道の長所と短所の両面を知っていたので、武士道を全面的に肯定したり、否定することはしなかった。封建時代の産物であった武士道が、新しい時代をむかえた日本からやがて、その姿を消すことは彼がよく認識しているところであった[19]」

新渡戸は、『武士道』執筆に際して、ド・ラヴレーから日本人の道徳観を指し示すことを求められた。武士道の徳目を義、勇、仁とあげていき、肯定的に日本社会のエトス・メンタリティを取り上げてきたが、武士道の欠点というものにはほとんど言及することがなかった。ごくわずか、『武士道』には形而上学的側面が弱いという指摘があるぐらいである。植村正久は『福音新報』で「新渡戸君の武士道は床の間付の部屋を外国人に紹介したものだ」と書いたが、新渡戸は植村正久の批評は最も自分の意を得たものであると述べ、台所は書いていないということに同意したという[20]。新渡戸は、武士道の欠点を熟知してはいたが、(例えば、日本人は礼を重んじると言いながらも、性的な面では一夫一婦制を守っておらず、ルーズな面もあるという点など)あえて、そういうことには触れていない。しかし、欠陥を含む武士道ではあったが、忠を最高位に置く武士道に、キリスト教世界の犠牲の精神に非常に近いものを新渡戸は見出していたのではないだろうか。新渡戸は武士道の中の徳目を評価するだけでなく、もっと広い視点で日本に神が播かれたものを見出したいという意図があったと思われる。内村鑑三は、不敬事件に見られるように、「対決型」であったが、内村の武士道とキリスト教が「対決的接木」と呼ぶことができるとすれば、新渡戸の場合は「抱擁的接木」であった。日本社会の中に神によって播かれた種を拾い集めて、それを大事に醸成し、キリストへとつなぐという道を歩むことを考えたのではないだろうか。特に武士道という特筆すべきものが日本にあったがゆえに、そこにスポットライトが当てられるのであるが、新渡戸はもっと広く神が播かれた種を日本の土壌の中に見出そうとしていたように思われる。

新渡戸稲造『武士道』は、誤解される要素を多分に含んだ書物であった。戦時中は、軍国主義を擁護する書物として捉えられた。しかし、仔細に調べていくと、軍国主義とはほど遠く、一言で表現すると「愛」をテーマにしている書物でもあると考えられる。この書には二つのテーマが内包されている。日本の封建時代の武士道を説明する部分と平民道へと進む部分である。この二つのうち、どちらが新渡戸の執筆動機としてより強かったかは、議論の余地のあるところであろう。タイトル通り、日本の武士道を説明する動機もかなり強かったと思われるが、一方、古屋安雄氏が指摘しているように平民道が執筆動機であったとする見方も成り立つと思われる。

新渡戸は、武士道の中にキリストとつながる接点となるものを見出そうと努めた。それが、義に始まる徳目の説明の中に見られる。rectitude という語に込められた日本人の一直線に進む道に、justice と重ねあわせることができるものを含んでいることを新渡戸は発見した。そして、忠の中に自己犠牲の精神が含まれていると考えた。武士は、上から命令されて規律を維持するのみでなく、もっと自発的に組織された集団であったと新渡戸は見た。つまり、他律的・外形的な主従関係ではなく、自立的な「人格的忠誠」によって封建時代の基礎が築かれていたと新渡戸は考えたのである。それがクエーカーの「内なる光」と結びつき、そして、キリストの死が自己犠牲の精神を思い起こさせ、日本にも死をも厭わない諫説や殉死精神を伴っていた時代があったという視点を新渡戸にとらせることになったのではないだろうか。

中渋谷教会を設立した森明も、一九二二年「民族の使命について」と題する文で「日本の忠義の精神は、キリスト教の真理に照応せしめるならば、驚くべき異彩を放つに至る[21]」と指摘している。この忠義の精神は、用いられ方によっては軍国主義的方向へ向かう危険性も秘めているが、キリストへと向かう導き手になる可能性も内包しているのである。

封建時代の日本は、キリストなき社会ではあったが、ある面では、精神的にキリスト教に近いものを含有していた社会であったと新渡戸は考えた。新渡戸は、rectitudeから始まる一連の武士道の徳目の分析を通して、キリストへとつながる一本の線を見出したと思われる。

『武士道』は、カーライルばりの難解な英文で、西洋のエリート層を対象にして書かれた。そこには、当時、まだ世界に十分認められていなかった日本の精神構造が高いレベルにあったことを知らしめたいという動機もあったことであろう。『武士道』は、日本の古き伝統の中にキリストにつながる要素を見つけ出し、キリストを受容する方向へと向かうことを待望した新渡戸の将来の日本に対する期待というものも込められている書だと見ることもできるのではないだろうか。

註

（1）新渡戸が平民道の元になる語を初めて使ったのは、一九〇四年五月号の『英文新誌』である。「Shi-do」に対する「Min-do」及び「heimin」の語が使われている。'THOUGHTS AND ESSAYS PLEBEIANISM'『全集　第一二巻』二〇八頁。（初出一九〇四年）

（2）新渡戸がド・ラヴレーに会ったのは、一八八七年秋だったとされていたが、藤井茂氏は、一八八八年一月三～四日の二日間であったと新渡戸のアダムズ博士への書簡から割り出している。藤井茂「ド・ラヴレー博士を訪問した日」『続新渡戸稲造七五話』新渡戸基金、二〇一二年、四六―四八頁。

（3）「武士道と商人道」『内観外望』『全集　第六巻』三一九―三三〇頁。（初出一九三三年）

（4）"Oxford English Dictionary" による。

（5）林　子平（一七三八―九三）の言葉。

（6）真木和泉（一八一三―六四）の言葉。

（7）「ウイルリアム・ペン伝」『全集　第三巻』六一一―六一六頁。（初出一八九四年）

（8）一一の徳目は、①謙遜 ②柔和 ③忍耐 ④慈悲 ⑤慈愛 ⑥寛大 ⑦公義 ⑧廉直 ⑨感恩 ⑩勤勉 ⑪節制である。

（9）「世渡りの道」『全集　第八巻』七六―七七頁。（初出一九一二年）

（10）中沢洽樹・川田殖『日本におけるブルンナー』新教出版社、一九七四年、一五三―一五四頁。

(11)鈴木範久編「平民道」『新渡戸稲造論集』岩波文庫、二〇〇七年、二一七―二一八頁。
(12)'BUSHIDO'『全集　第一二巻』一三六―一三八頁。
(13)遠友夜学校は、札幌の南四条、東四丁目にあった。現在は、公園になっていて、記念碑が建っている。遠友夜学校という名称は、『論語』の「有朋自遠方来不亦楽乎」からきている。参考文献としては、左記のものがある。
札幌市教育委員会文化資料室編『さっぽろ文庫一八　遠友夜学校』北海道新聞社、一九八一年。

札幌遠友夜学校創立百周年記念事業会編『思い出の遠友夜学校』北海道新聞社、二〇〇六年。
(14)武田清子「キリスト教受容の諸形態」『土着と背教』新教出版社、一九六七年、三―二六頁。
(15)内村鑑三「武士道と基督教」『内村鑑三全集　第二二巻』岩波書店、一九八二年、一六一頁。
(16)武田清子　前掲書、一二五頁。
(17)同右、二九頁。
(18)同右、一二五頁。
(19)古屋安雄「武士道と平民道」『新渡戸稲造研究　第一三号』所収、二〇〇四年、一一五―一一六頁。
(20)佐波亘編『植村正久と其の時代　第一巻』教文館、一九六六年、六一四頁。
(21)基督教共助会「民族の使命について」『森明著作集』新教出版社、一九七〇年、四八頁。

郵便はがき

料金受取人払

諏訪支店承認

2

差出有効期間
平成31年11月
末日まで有効

392-8790

〔受取人〕

長野県諏訪市四賀229-1

鳥影社編集室

愛読者係　行

ご住所　〒□□□-□□□□	
(フリガナ) お名前	
お電話番号　(　　　)　　-	
ご職業・勤務先・学校名	
e メールアドレス	
お買い上げになった書店名	

鳥影社愛読者カード

このカードは出版の参考にさせていただきますので、皆様のご意見・ご感想をお聞かせください。

書名	

① 本書を何でお知りになりましたか？

i．書店で
ii．広告で（　　　　　　　　　　）
iii．書評で（　　　　　　　　　　）
iv．人にすすめられて
v．DMで
vi．その他（　　　　　　　　　　）

② 本書・著者へご意見・感想などお聞かせ下さい。

③ 最近読んで、よかったと思う本を教えてください。

④ 現在、どんな作家に興味をおもちですか？

⑤ 現在、ご購読されている新聞・雑誌名

⑥ 今後、どのような本をお読みになりたいですか？

◇購入申込書◇

書名　　　　　　　　　　¥　　　　　（　　）部

書名　　　　　　　　　　¥　　　　　（　　）部

書名　　　　　　　　　　¥　　　　　（　　）部

鳥影社出版案内

2019

イラスト／奥村かよこ

choeisha

文藝・学術出版 鳥影社

〒160-0023 東京都新宿区西新宿 3-5-12 トーカン新宿 7F

TEL 03-5948-6470 FAX 03-5948-6471（東京営業所）

〒392-0012 長野県諏訪市四賀 229-1（本社・編集室）

TEL 0266-53-2903 FAX 0266-58-6771 郵便振替 00190-6-88230

ホームページ www.choeisha.com メール order@choeisha.com

お求めはお近くの書店または弊社（03-5948-6470）へ

弊社への注文は 1 冊から送料無料にてお届けいたします

＊新刊・話題作

地蔵千年、花百年

柴田 翔（読売新聞・サンデー毎日で紹介）

芥川賞受賞『されど われらが日々―』から約半世紀。約30年ぶりの新作長編小説。戦後からの時空と永遠を描く。 1800円

老兵は死なず マッカーサーの生涯

ジェフリー・ペレット／林 義勝他訳

かつて日本に君臨した唯一のアメリカ人、生まれから大統領選挑戦にいたる知られざる全貌の決定版・1200頁。 5800円

新訳金瓶梅（全三巻予定）

田中智行訳（朝日・中日新聞他で紹介）

三国志などと並び四大奇書の一つとされる金瓶梅。そのイメージを刷新する翻訳に挑んだ意欲作。詳細な訳註も。 3500円

『新文体作法』序説

―ゴーゴリ『肖像画』を例に―

齋藤紘一

概念「ある」をもとに日本語の成り立ちを解明する文法書。実践編としてゴーゴリ『肖像画』を収録。 1800円

東西を繋ぐ白い道

森 和朗（元NHKチーフプロデューサー）

原始仏教からトランプ・カオスまで。宗教も政治も一筋の道に流れ込む壮大な歴史のドラマ。世界が直面する二河白道。 2200円

低線量放射線の脅威

J・グールド、B・ゴールドマン／今井清一・今井良一訳

低線量放射線と心疾患、ガン、感染症による死亡率がどのようにかかわるのかを膨大なデータをもとに明らかにする。 1900円

シングルトン

エリック・クライネンバーグ／白川貴子訳

一人で暮らす「シングルトン」が世界中で急上昇。このセンセーショナルな現実を検証する欧米有力誌で絶賛された衝撃の書。 1800円

詩に映るゲーテの生涯

柴田 翔

ゲーテの人生をその詩から読み解いた幻の名著の復活。ゲーテ研究・翻訳の第一人者柴田翔によるゲーテ論の集大成的作品。

改訂版 **文明のサスティナビリティ** 野田正治

枯渇する化石燃料に頼らず、社会を動かすエネルギーを生み出すことの出来る社会を考える。 1800円

スマホ汚染 新型複合汚染の真実 古庄弘枝

放射線（スマホの電波）、神経を狂わすネオニコチノイド系農薬、遺伝子組換食品等から身を守る。 1600円

インディアンにならなイカ!? 太田幸昌

先住民の島に住みついて、倒壊寸前のホステルで孤軍奮闘。自然と人間の仰天エピソード。 1300円

愛知ふるさと素描 河村アキラ

『名古屋ふるさと素描』に、新たに40枚を追加。愛知県内各地に残されたニッポンの消えゆく庶民の原風景を描く。1800円

純文学宣言

季刊文科25〜78 （61より各1500円）

〈編集委員〉青木健、伊藤氏貴、勝又浩、佐藤洋二郎
富岡幸一郎、中沢けい、松本徹、津村節子

【文学の本質を次世代に伝え、かつ純文学の孤塁を守りつつ、文学の復権を目指す文芸誌】

ドリーム・マシーン
悪名高きV-22オスプレイの知られざる歴史
リチャード・ウィッテル／影本賢治 訳

ディドロの思想を自然哲学的分野と美学的分野に分けて考察を進め、二つの分野の複合性を明らかにしてその融合をめざす。　3800円

アルザスワイン街道
―お気に入りの蔵をめぐる旅―
森本育子（2刷）

アルザスを知らないなんて！　フランスの魅力はなんといっても豊かな地方のバリエーションにつきる。　1800円

ヨーロピアンアンティーク大百科
英国・リージェント美術アカデミー 編／白須賀元樹 訳

英国オークションハウスの老舗サザビーズのエキスパートたちがアンティークのノウハウをすべて公開。　5715円

心豊かに生きるための40のレシピ
ふわふわさんとチクチクさんのポケット心理学
小林雅美

ポケットに入るぐらい気楽な心理学誕生。人生を切り開く「交流分析」を40のレシピとしてわかりやすく解説。　1600円

中世ラテン語動物叙事詩 イセングリムス
―狼と狐の物語―
丑田弘忍 訳

封建制とキリスト教との桎梏のもとで中世ヨーロッパ人を活写、聖職者をはじめ支配階級を鋭く諷刺。本邦初訳。　2800円

ディドロ 自然と藝術
冨田和男

ディドロの思想を自然哲学的分野と美学的分野に分けて考察を進め、二つの分野の複合性を明らかにしてその融合をめざす。　3800円

ダークサイド・オブ・ザ・ムーン
マルティン・ズーター／相田かずき 訳

世界を熱狂させたピンク・フロイドの魂がここに甦る。ドイツ人気No.1俳優M・ブライブトロイ主演映画原作小説。　1600円

フランス・イタリア紀行
トバイアス・スモレット／根岸 彰 訳

十八世紀欧州社会と当時のグランドツアーの実態を描き、米国旅行誌が史上最良の旅行書の一冊に選定。発刊から250年、待望の完訳。　2800円

ヨーゼフ・ロート小説集
平田達治
佐藤康彦 訳

第一巻　優等生、バルバラ、立身出世

　　　　サヴォイホテル、曇った鏡 他

第二巻　ヨブ・ある平凡な男のロマン第三巻　タラバス・この世の客
　　　　殺人者の告白、偽りの分銅・計
第四巻　量検査官の物語、美の勝利
　　　　皇帝廟、千二夜物語、レヴィア
　　　　タン（珊瑚商人譚）
別　巻　ラデツキー行進曲（2600円）
四六判・上製／平均480頁　3700円

ローベルト・ヴァルザー作品集
新本史斉／若林恵／F・ヒンターエーダー＝エムデ 訳

カフカ、ベンヤミン、ムージルから現代作家にいたるまで大きな影響をあたえる。

1　タンナー兄弟姉妹
2　助手
3　長編小説と散文集
4　散文小品集Ⅰ
5　盗賊／散文小品集Ⅱ
四六判、上製／各巻2600円

*歴史

連邦陸軍電信隊の南北戦争
ITが救ったアメリカの危機
松田裕之

南北戦争を制した影の英雄・連邦陸軍電信隊。リンカーンを支えた特殊部隊の近代的情報戦の真実が甦る。 1700円

虚構の蘇我・聖徳
我は聖徳太子として蘇る
野田正治（建築家）

蘇我馬子が飛鳥寺を建立したのではなく厩戸皇子が四天王寺を建立したのではない 1800円

桃山の美濃古陶
古田織部の美
西村克也／久野 治

古田織部の指導で誕生した美濃古陶の未発表の伝世作品の逸品約90点をカラーで紹介。桃山茶陶歴史年表、茶人列伝も収録。 3600円

剣客斎藤弥九郎伝
木村紀八郎（二刷）

幕末激動の世を最後の剣客が奔る。その知られざる生涯を描く、はじめての本格評伝！ 1900円

千少庵茶室大図解
長尾 晃（美術研究・建築家）

利休・織部・遠州好みの真相とは？ 国宝茶室「待庵」は、本当に千利休作なのか？ 不遇の天才茶人の実像に迫る。 2200円

秀吉の忠臣 田中吉政とその時代
田中建彦・充恵

優れた行政官として秀吉を支え続けた田中吉政の生涯を掘りおこす。カバー肖像は著者の田中家に伝わる。 1600円

天皇家の卑弥呼
誰も気づかなかった三世紀の日本
深田浩市（三刷）

倭国大乱は皇位継承戦争だった!! 日本書紀や魏志倭人伝、伝承、科学調査等から卑弥呼擁立の真の理由が明らかになる。 1500円

西行 わが心の行方
松本 徹（毎日新聞書評で紹介）

季刊文科で「物語のトポス西行随歩」として十五回にわたり連載された西行ゆかりの地を巡り論じた評論的随筆作品。 1600円

浦賀与力中島三郎助伝 木村紀八郎
幕末という岐路に先見と至誠をもって生き抜いた最後の武士の初の本格評伝。 2200円

軍艦奉行木村摂津守伝 木村紀八郎
若くして名利を求めず隠居、福沢諭吉が終生敬愛したというサムライの生涯。 2200円

南の悪魔フェリッペ二世 伊東 章
スペインの世紀といわれる百年が世界のすべてを変えた。黄金世紀の虚実1 1900円

不滅の帝王カルロス五世 伊東 章
世界のグローバル化に警鐘。平和を望んだ偉大な帝王が続けた戦争。黄金世紀の虚実2 1900円

フランク人の事蹟 第一回十字軍年代記
丑田弘忍訳 第一次十字軍に実際に参加した三人の年代記作家による異なる視点の記録。 2800円

大村益次郎伝 木村紀八郎
長州征討、戊辰戦争で長州軍を率いて幕府軍を撃破した天才軍略家の生涯を描く。 2200円

新版 日蓮の思想と生涯 須田晴夫
日蓮が生きた時代状況と、思想の展開を総合的に考察。日蓮仏法の案内書！ 3500円

古事記新解釈 南九州方言で読み解く神代
飯野武夫／飯野布志夫 編 『古事記』上巻は南九州の方言で読み解ける。 4800円

夏目漱石『猫』から『明暗』まで

平岡敏夫（週刊読書人他で紹介）

漱石文学は時代とのたたかいの所産であるゆえに、作品には微かな〈哀傷〉が漂う。新たな漱石を描き出す論集。2800円

赤彦とアララギ —中原静子と太田喜志子をめぐって

福田はるか（読売新聞書評）

悩み苦しみながら伴走した妻不二子、畏敬と思慕で生き通した中原静子、門に入らず自力で成長した太田喜志子。2800円

ドストエフスキーの作家像

木下豊房（東京新聞で紹介）

二葉亭四迷から小林秀雄・椎名麟三、武田泰淳、埴谷雄高などにいたる正統的な受容を跡づけ、この古典作家の文学の本質に迫る。3800円

ピエールとリュス

ロマン・ロラン／三木原浩史 訳

1918年パリ。ドイツ軍の空爆の下でめぐりあった二人。ロラン作品のなかでも、今なお、愛され続ける名作の新訳と解説。1600円

中上健次論（全三巻）

（第一巻 死者の声から、声なき死者へ）

（第二巻 父の名の否〈ノン〉、あるいは資本の到来）（第三巻 幻想の村から）

戦死者の声が支配する戦後民主主義を描く大江健三郎に対し声なき死者と格闘し自己の世界を確立していった初期作品を読む。各3200円

山崎の鬼

高畠 寛

代表的作品を収めるアンソロジー。山崎は大阪から見れば、陰陽道でいうところの、鬼の出入りする場所。1500円

釈尊の悟り—自己と世界の真実のすがた

吉野 博

最古の仏教聖典「スッタニパータ」の詩句、悟りを開いた日本・中国の禅師、インドの聖者の言葉を中心にすべての真相を明らかにする。1500円

小説木戸孝允 上・下 —愛と憂国の生涯—

中尾實信（2刷）

西郷、大久保が躊躇した文明開化と封建制打破を成就し、四民平等の近代国家を目指した木戸孝允の生涯を描く大作。3500円

「へうげもの」で話題の〝古田織部三部作〟

久野 治（NHK、BS11など歴史番組に出演）

新訂 古田織部の世界 2800円

千利休から古田織部へ 2200円

改訂 古田織部とその周辺 2800円

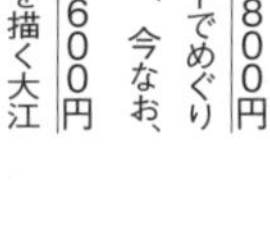

ドイツ詩を読む愉しみ

森泉朋子編訳

ゲーテからブレヒトまで 時代を経てなお輝き続ける珠玉の五〇編とエッセイ。1600円

ドイツ文化を担った女性たち

その活躍の軌跡 ゲルマニスティネンの会編

（光末紀子、奈倉洋子、宮本絢子）2800円

芸術に関する幻想

W・H・ヴァッケンローダー

毛利真実 訳 デューラーに対する敬虔、ラファエロ、ミケランジェロ、そして音楽。1500円

＊ドイツ語圏関係他

ニーベルンゲンの歌
岡崎忠弘 訳 （週刊読書人で紹介）

『ファウスト』とともにドイツ文学の双璧をなす英雄叙事詩を綿密な翻訳により待望の完全新訳。詳細な訳註と解説付。 5800円

ペーター・フーヘルの世界 —その人生と作品
斉藤寿雄 （週刊読書人で紹介）

旧東ドイツの代表的詩人の困難に満ちたその生涯を紹介し、作品解釈をつけ、主要な詩の翻訳をまとめた画期的書。 2800円

エロスの系譜—古代の神話から魔女信仰まで
A・ライプブラント＝ヴェトライ W・ライプブラント
鎌田道生 孟真理 訳

男と女、この二つの性の出会いと戦いの歴史。西洋の文化と精神における愛を多岐に亘る文献を駆使し文化史的に語る。 6500円

生きられた言葉 —ラインホルト・シュナイダーの生涯と作品—
下村喜八

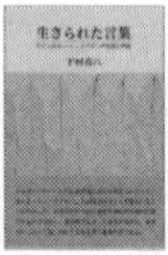

シュヴァイツァーと共に20世紀の良心と称えられた、その生涯と思想をはじめて本格的に紹介する。 2500円

ヘルダーのビルドゥング思想
濱田 真

ドイツ語のビルドゥングは「教養」「教育」という訳語を超えた奥行きを持つ。これを手がかりに思想の核心に迫る。 3600円

ゲーテ『悲劇ファウスト』を読みなおす
新妻 篤

ゲーテが約六〇年をかけて完成。すべて原文に即して内部から理解しようと研究してきた著者が明かすファウスト論。 2800円

二〇一八 改訂 黄金の星（ツァラトゥストラ）はこう語った
ニーチェ／小山修一 訳

詩人ニーチェの真意、健やかな喜びを伝える画期的全訳。ニーチェの真意に最も近い全訳。 2800円

『ドイツ伝説集』のコスモロジー
植 朗子

ドイツ民俗学の基底であり民間伝承蒐集の先がけとなったグリム兄弟『ドイツ伝説集』の内面的実像を明らかにする。 1800円

ハンブルク演劇論 G・E・レッシング 南大路振一 訳
アリストテレス以降の欧州演劇の本質を探る代表作。6800円

ギュンター・グラスの世界 依岡隆児
つねに実験的方法に挑み、政治と社会から関心を失わなかったノーベル賞作家を正面から論ずる。2800円

グリムにおける魔女とユダヤ人 奈倉洋子
—メルヒェン・伝説・神話—
グリムのメルヒェン集と伝説集を中心にその変化の実態と意味を探る。1500円

フリードリヒ・シラー美学＝倫理学用語辞典 序説
ヴェルンリ／馬上 徳 訳 難解なシラーの基本的用語を網羅し体系化をはかり明快な解釈をほどこし全思想を概観。2400円

新ロビンソン物語 カンペ／田尻三千夫 訳
18世紀後半、教育の世紀に生まれた「ロビンソン・クルーソー」を上回るベストセラー。2400円

東方ユダヤ人の歴史 ハウマン／平田達治・荒島浩雅 訳
その実態と成立の歴史的背景をこれほど見事に解き明かしている本はこれまでになかった。2600円

ポーランド旅行 デーブリーン／岸本雅之 訳
長年にわたる他国の支配を脱し、独立国家の夢を果たしたポーランドのありのままの姿を探る。2400円

東ドイツ文学小史 W・エメリヒ／津村正樹 監訳
神話化から歴史へ。一つの国家の終焉はその文学の終りを意味しない。6900円

モリエール傑作戯曲選集２

柴田耕太郎訳（ドン・ジュアン、才女気どり、嫌々ながら医者にされ、人間嫌い）

現代の読者に分かりやすく、また上演用の台本としても考え抜かれた、画期的新訳の完成。　２８００円

イタリア映画史入門　１９５０〜２００３

Ｊ・Ｐ・ブルネッタ／川本英明訳（読売新聞書評）

映画の誕生からヴィスコンティ、フェリーニ等の巨匠、それ以降の動向まで世界映画史をふまえた決定版。　５８００円

フェデリコ・フェリーニ

川本英明

イタリア文学者がフェリーニの生い立ち、青春時代、監督デビューまでの足跡、各作品の思想的背景など、巨匠のすべてを追う。　１８００円

ある投票立会人の一日

イタロ・カルヴィーノ／柘植由紀美訳

奇想天外な物語を魔法のごとく生み出した作家の、二十世紀イタリア戦後社会を背景にした知られざる先駆的小説。　１８００円

魂の詩人　パゾリーニ

ニコ・ナルディーニ／川本英明訳（朝日新聞書評）

常にセンセーショナルとゴシップを巻きおこした異端の天才の生涯と、詩人としての素顔に迫る決定版！　１９００円

ドイツ映画

ザビーネ・ハーケ／山本佳樹訳

ドイツ映画の黎明期からの歴史に、欧州映画やハリウッドとの関係、政治経済や社会文化からその位置づけを見る。　３９００円

つげ義春を読め

清水正（読売新聞書評で紹介）

つげマンガ完全読本！　五〇編の謎をコマごとに解き明かす鮮烈批評。読売新聞書評で紹介。　４７００円

雪が降るまえに

Ａ・タルコフスキー／坂庭淳史訳（二刷出来）

詩人アルセニーの言葉の延長線上に拡がっていた世界こそ、息子アンドレイの映像作品の原風景そのものだった。　１９００円

宮崎駿の時代　１９４１〜２００８

久美薫

宮崎アニメの物語構造と主題分析、マンガ史からアニメ技術史まで宮崎駿論一千枚。　１６００円

ヴィスコンティ

若菜薫

「郵便配達は二度ベルを鳴らす」から「イノセント」まで巨匠の映像美学に迫る。　２２００円

ヴィスコンティⅡ

若菜薫

高貴なる錯乱のイマージュ。「ベリッシマ」「白夜」「前金」「熊座の淡き星影」　２２００円

アンゲロプロスの瞳

若菜薫

『旅芸人の記録』の巨匠への壮麗なるオマージュ。（二刷出来）　２８００円

ジャン・ルノワールの誘惑

若菜薫

多彩多様な映像表現とその官能的で豊饒な映像世界を踏破する。　２２００円

聖タルコフスキー

若菜薫

「映像の詩人」アンドレイ・タルコフスキー。その全容に迫る。　２０００円

銀座並木座　日本映画とともに歩んだ四十五年

嵩元友子

ようこそ並木座へ、ちいさな映画館をめぐるとっておきの物語　１８００円

フィルムノワールの時代

新井達夫

人の心の闇を描いた娯楽映画の数々暗い情熱に衝き動かされる人間のドラマ。　２２００円

*実用・ビジネス

AutoCAD LT 標準教科書 2016／2017／2018 2019対応（オールカラー）
中森隆道

25年以上にわたる企業講習と職業訓練校での教育実績に基づく決定版。初心者から実務者まで対応の524頁。 3000円

食通のおもてなし観光学
山上 徹

観光ビジネスに役立つ全162テーマをコラムとして収録。今話題のイスラム教のハラルについても言及している。 1500円

今行き詰まっている君へ 人生をきりひらく80の知恵
レナルド・フェルドマン、M・ジャン・ルミ著／浅井真砂 訳

世界中の古代の知恵と現代のスピリチュアリティー」が見事に融合した、すべての人に贈る人生の指南書。 1500円

心に触れるホームページをつくる
秋山典丈

従来のHP作成・SEO本とは一線を画しコンテンツの書き方に焦点を当てる。商品企画や販売促進にも。 1600円

"できる人"がやっている"質の高い"仕事の進め方 秘訣はトリプルスリー
糸藤正士

質の高い仕事の進め方にはできる人がやっている共通の秘訣、3つの視点、3つの深度、3つの方向がある。 1600円

草木名の語源
江副水城

草名200種、木名150種、修飾名を含め合計1000種以上収録。古典を読み解き新説を披露。 3800円

現代アラビア語辞典 ――アラビア語日本語
田中博一／スバイハット レイス 監修

本邦初1000頁を超える本格的かつ、実用的アラビア語日本語辞典。見出し語1万語以上で例文・熟語多数。 10000円

現代日本語アラビア語辞典
田中博一／スバイハット レイス 監修

見出し語約1万語、例文1万2千以上収録。日本人のみならず、アラビア人の使用にも配慮し、初級者から上級者まで対応のB5判。 8000円

AutoLISP with Dialog 中森隆道
AutoCAD LT 2013 対応 即効性を明快に証明した本格的解説書。 3400円

開運虎の巻 街頭易者の独り言 天童春樹
三十余年六万人の鑑定実績。あなたと身内の運命と開運法をお話しします 1500円

成果主義人事制度をつくる 松本順一
30日でつくれる人事制度だから、業績向上が実現できる。（第10刷出来） 1600円

腹話術入門（第4刷出来） 花丘奈果
発声方法、台本づくり、手軽な人形作りまで一人で楽しく習得。台本も満載。 1800円

南京玉すだれ入門（2刷）花丘奈果
いつでも、どこでも、誰にでも、見て楽しく演じて楽しい元祖・大道芸を解説。 1600円

新訂版 **交流分析エゴグラムの読み方と行動処方** 植木清直／佐藤寛 編
交流分析の読み方をやさしく解説。 1500円

楽しく子育て44の急所 川上由美
これだけは伝えておきたいこと、感じたこと、考えたこと。基本的なコツ！ 1200円

初心者のための蒸気タービン 山岡勝己
原理から応用、保守点検、今後へのヒントなどベテランにも役立つ。技術者必携。 2800円

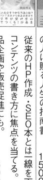

〈基本文献〉


'BUSHIDO：The Soul of Japan'『全集　第一二巻』（初出一九〇〇年）。

矢内原忠雄訳「武士道」『全集　第一巻』（初出一九三八年）。

奈良本辰也訳『武士道』三笠書房、一九八三年。

飯島正久訳『武士道』筑地書館、一九九八年。

佐藤全弘訳『武士道』教文館、二〇〇〇年。

山本博文訳『武士道』ちくま新書、二〇一〇年。

第3節　信仰と精神世界

Ⅰ　クエーカーに至る経緯

新渡戸がクエーカーであることはよく知られている。クエーカーは、人種や階級、性別の区別なく、万人に「内なる光」が宿っていることを信じ、直接、神と交わることを重視している派である。「内なる光」は人類始まって以来、地上のあらゆる人に与えられているというのがクエーカーの重要な教えである[1]。

クエーカーの始祖は、英国のジョージ・フォックス（一六二四～九一）である。彼は英国の国教会にも非国教会にも満足できず、二十二歳で「生けるキリストの内なる光」を体験し、伝道を始めた。クエーカーは、「主を待ち望む」人々の集まりとして起った宗教運動であったが、当初、特定の宗派を作ろうという考えはなく、お互いを「友」（フレンズ）（団体の正式名称 Religious Society of Friends）と呼び合っていた。これは、イエスが一二弟子に向けて語った言葉「これからはあなたがたを僕とは呼ばない。友と呼ぶ」（『ヨハネ』一五章一五節）から採ったものである。クエーカーの語源は、彼等が感動のあまり震えることから Quaker と呼ばれるようになったもので、この集団を白眼視する人々が揶揄してつけた名称である。

クエーカーは「内なる光」を体験するために独自の礼拝形式をとる。一般に、牧師がおらず、沈黙の礼拝を持ち、神から促された人が短く感話を述べ、神との交流を図るという形で礼拝が守られる。クエーカーは、キリスト教の教義、儀式などには重きを置かず、真理は魂に直接啓示される神の声にあると考え、自らの体験をもとに信仰を確立していく。信仰体験は、百人百様であるため、それぞれの体験を基に作られた信仰観はさまざまである。事実、新渡戸の宗教観は、独特のものになっている。

新渡戸は、弟子の矢内原忠雄から、内村鑑三との信仰の違いを問われた時、次のように返答している。

「僕のは正門ではない。横の門から入ったんだ。して、横の門といふのは悲しみといふことである(2)」

内村が正門（贖罪信仰）から入ったのに対して、新渡戸は横の門、悲しみの門から入ったと答えている。悲しみとは、英語では sorrow（悲哀）である。この点に新渡戸独自のキリスト教理解がある。悲哀という観点からキリスト教に入り、信仰を確立していった新渡戸の信仰をクエーカリズムだけで説明しようとするのは困難である。確かに新渡戸の宗教観の基礎にはクエーカリズムがあるが、人生を送って行く途上で付加したものもある。この節では、まず、クエーカリズムによって形成された新渡戸の宗教観を考察することとする。

新渡戸が最初にキリスト教に触れたのは、東京英語学校の時代であった。同校のスコット教授から教わったシェークスピア、ミルトンなどの英文学を通してキリスト教の何たるかをおぼろげながら理解したと述懐している。(3) 幼き日の新渡戸は、日本を偉大なる国にするには、キリスト教を導入することが不可欠だと考えていた。一八七六年、明治天皇が、新渡戸の祖父の三本木原開拓事業を高く評価し、新渡戸家に御下賜金が与えられたが、その一部が稲造にも分与され、英文聖書を購入している。このあたりにもキリスト教への関心の一端がうかがえる。

新渡戸が本格的にキリスト教に接するのは、一八八七年九月五日の札幌農学校入学以後である。クラーク博士の影響でキリスト教に改宗していた一期生からの猛烈な伝道活動に接し、「イエスを信じる者の契約」に署名をしたのは、一ヵ月も経たない十月二日であった。新渡戸は内村のように猛烈に抵抗することもなく、二期生の中で最も早く署名し、伝道熱心な模範的な生徒として活動を開始した。

翌年の一八七八年（明治十一年）一月二十一日付の手紙では、養父及び家族の人々に熱心にキリスト教を勧め、次のように述べている。

「人間は朝より夜に至りて多くの非を為し其罪の大なる事とても救はるる能はざる所神の寛大にして只一人之御愛子耶蘇を此の悪き世界に送りて我等の大罪の寛せんが為に十字架の上聖血を流したりしなり(4)」

右記の手紙からわかるように一八七八年頃はピューリタン的キリスト教徒であり、当時札幌農学校に流れていた精神を受け継ぐ一般的なキリスト教徒であったと言える。同年六月二日には、メソジストの宣教師・ハリスから洗礼を受けている。

ところが、健康上の問題（近眼からくる頭痛）及びキリスト教の教理（カルヴィニズムの予定説）に対する懐疑が起こり、また、神が望むように善を行えない弱さを嘆くなど、信仰から離れていく兆候を見せ始める。入学当初、アクティブと呼ばれていた新渡戸は、モンク（修道僧）と周辺の友達から呼ばれるようになる。そして、三年生の夏休みの一八八〇年七月二十日、母との一〇年ぶりの再会を楽しみにして帰省した新渡戸を待っていたのは、三日前に母が死去していたという事実であった。これ以降、神に対する不信も加わり、新渡戸の信仰に動揺が見られるようになる。

新渡戸の神に対する再接近は、「父の光を見たり」と日記（同年八月三十一日）に記されているように、神との直接体験により溶解し始める。キリスト教の教義における贖罪信仰という形での解決ではなく、直接、神の息吹に触れるということで、新渡戸の信仰は再構築されていった。そして、それを文学的に支えたのが、カーライル(5)の著書『サーター・レザータス（衣服哲学）』であった。人間をかけがえのない神的存在として見る思想に到達したカーライルの「弱々しいが、何か偉大なものである人間への慈しみ」によって、新渡戸は生きる意欲を復活させることができたのであった。また、カーライルは煩悶を癒してくれただけでなく、ジョージ・フォックスという名を知らしめてくれた作家でもあった。新渡戸は、クエーカーの創始者であるジョージ・フォックスをカーライルの著作から知ったのである。

その後は信仰的な安定を取り戻すのであるが、札幌農学校の卒業生たちが作った札幌独立教会にはついに入会しなかった。新渡戸の行く教会は日本では札幌農学校卒業後もなかったのである。教会が確定するのは、アメリカ留学を待たねばならなかった。新渡戸は、アメリカ留学時、さまざまな教会に通ったが、得心のいく教会がなく、どれも会堂はきらびやかであるが、新約聖書に載っている宗教とは別物のような気がしたと語っている。クエーカーの教会に行き始めたのは、一八八四年の秋と思われるが、自叙伝とも言える『帰雁の蘆』には次のような記述がある。

「華美な着物は一枚も見えない、三百人ばかりの信徒が、座禅を組むが如くに唯端然として黙し、折に聖霊に感じた人あれば、誰でも立って二、三分、長いので二十分も感話を述べる。(中略) 牧師を定めず、水を以て洗礼を施さない事の如き、集会は黙座瞑想を主とし、各自、直接神霊を交わるを以て礼拝とする如き、頗る僕の気に入った(6)」

新渡戸がクエーカーに惹かれた背景には、質素であり、聖書に忠実であるということの他に、東洋思想等との関係がある。「内なる光」がすべての人の心に与えられているという教義は、ソクラテスの哲学、仏教、道教にも通じる面があった。新渡戸はキリスト教信仰の絶対性は保持しながらも、東洋思想を切り捨てない方法で真理を採り入れる道を探っていた。新渡戸は、キリスト教宣教師の西洋以外の人種を劣っているかのような見方に反発を覚えていた。救いはすべての人に与えられているのであるから、いかなる人種、宗教の人も「救いに漏れた人」とは見みなさないとするクエーカーの思想には共鳴するものがあった。新渡戸は東洋思想との関係を解決できた時のことを次のように述べている。

「私が少年時代、キリスト教の説教を聞いたり、聖書を含めてキリスト教の本を読み始めた時、率直に申しあげまして、それらはわたしにとって全然説得力がありませんでした。クエーカー主義においてのみ、私はキリスト教と東洋思想を和解させることができたのです」[7]

クエーカーに惹かれたもうひとつの理由は、クエーカーの説く「内なる光」を「宇宙意識」と関わらせて理解したことである。「宇宙意識」とは「偉大な宇宙に融合でき、また、すべてのものに充満している生命の拍動を感じとることのできる段階」[8]である。新渡戸は、カナダの精神病専門医であるバック博士[9]の「人間意識の四段階発展説」を引用して次のように説明している。第一の知覚意識、第二の感受意識、第三の概念意識の段階までは誰でも到達できるが、第四の直観意識の段階は内なる光を十分行使することによってのみ到達できる。この直観意識の中で宇宙にうごめく偉大な霊との結合を感じるのであるが、それは「解脱」「涅槃」などの名称で呼ばれているものと共通したものであると新渡戸は考えた[10]。そして、この宇宙意識を体験した人は世界のあらゆる人種に見られるとしたのである。

II　カーライルとゲーテの影響

新渡戸の人格形成には、カーライルとゲーテが相当深く関わっている。カーライルの名を初めて知ったのは札幌農学校の生徒の時であったが、札幌農学校の図書館にはカーライルの本がなく、東京の古本屋にもなかったので、ハリス宣教師から譲ってもらっている。新渡戸が、母の死の悲しみをカーライルの『衣服哲学』[11]を熟読することで克服したことは『衣服哲学講義』[12]よりわかる。新渡戸は、第一高等学校校長時代から生徒たちに『衣服哲学』を講義しており、英文と日本文を巧みに織り交ぜ、重要な箇所を解説しつつ、自分の信仰遍歴を述べている。

『衣服哲学』の「衣服」とは、何か大切なもの、本質的なものを覆い隠してしまうものの象徴として用いられている。例えば、キリスト教の教義は、本質的なキリストの真理を覆い隠してしまっているとカーライルは考えている。第三部でジョージ・フォックスを登場させているのは、フォックスが覆いをとり本質を明らかにしたからである。その点においてクエーカーと通底する部分がある。『衣服哲学』が伝えんとしているメッセージは、「衣服」を取り除いて「真実」に目覚めよということである。カーライルは『衣服哲学』の主人公のトイフェルスドレックに託して自己の信仰体験を語っている。

『衣服哲学』の主人公は、孤児としてドイツのある村の貧しい善良な老夫妻に育てられた。彼は幼少期に信仰を植え付けられ、また、従順さも身につけさせられ、大学では自然科学と合理主義哲学を学ぶが、懐疑論者となっていく。「確信」がなく、「半解の知識」だけで卒業し、憂鬱な気分になることも多かった。女性との出会いによってその憂鬱状態は一時緩和したが、女性からの別離宣言により、彼の絶望は極限に達する。その状態をカーライルは、ゲーテ『ファウスト』の言葉を借りて、「永遠の否定」“The Everlasting No”と呼んでいる。新渡戸は、十八、十九歳の時に『衣服哲学』を読んだが「この本はまるで我輩のことを書いたように思った[13]」と述懐している。新渡戸にとって、母の死の悲しみは、まさに「永遠の否定」へとつながるものであった。トイフェルスドレックは、永遠に続く拒絶の感情に見舞われて最悪の状態にあった時、突如、悪魔である「永遠の否定」の目を見つめて、「わたしはお前のものではない、自由であり、お前を、いつまでも憎む[14]」と返答し、「永遠の否定」の自分への支配を力強く跳ね返したのである。この意識転換をした主人公は、「永遠の否定はわたしの存在の、わたしの自我の隅々まで命令するように響きわたっていたが、わたしの全自我が神に創造された本来の威厳を備えて立ち上がり、力強くその抗議を述べたのはその時だったのである。そういう抗議、あの憤りと挑戦は、心理学的立場から見れば、人生の最も重要な出来事と言ってよいだろう[15]」と回顧している。このところには、人間には本来的に神から賦与された尊厳があるとするカーライルの重要な人間理解がある。カーライルが実際に苦しい精神的闘いの疲労を癒すために一年ほど田舎に帰郷したように、作品の中で主人公にも精神を癒す休止の時間＝無頓着の中心（Centre of Indifference）を与えている。そして、四〇日間悪魔の誘惑を受けてキリストに勝利が訪れたように、主人公にも「永遠の肯定」（The Everlasting Yea）が訪れるのである。

「永遠の肯定」に入った主人公は、三つの点で以前とは違う体験をする。新渡戸もカーライル（＝主人公）が辿った道を歩むのである。

第一は、「衣服を取り去った状態」を体験したことである。肉体があることで死や病気に対し極度の恐怖を抱く（この場合、肉体が衣服）ように、肉体を含む、私たちの生を可能にしているモノや諸条件が私たちを惑わし、さまざまな欲を生みだしている。新渡戸は「名誉か、或は金銭か、或は美人か、或は学問知識か[16]」と具体例をあげ、それらは false shadow of Hope であると言っている。モノや事柄に対する執着がすべて失われ無関心になった時、逆に見えてくるものは何か、それが「神」と呼ばれる存在である。

第二は、「神」とは何かがはっきりしてきたことである。「神」は宇宙の至る所に偏在する永遠の存在であり、時間や空間すらも超越している。そして、人間もまた、この宇宙全体を統べる「神」の一部に過ぎない。「この自分がNatureの一部であるし、自分の中にあって生き又愛するものも、皆同じ神ではないか[17]」ということがわかったと新渡戸は言っている。人のうちに「神」と同等なものがあることを意識し、神の意図を実現させ得る「自由」を有するという意味において、すべての人間は内に神性を秘めていると確信したのである。ここにカーライルの自由主義的キリスト教観が披歴されている。カーライルは、この宇宙において存在する人間や自然の奥底に霊的存在（神）があるとする神秘主義的宗教観を持っていた。これは超自然主義、あるいは超絶主義と呼ばれるが、新渡戸もその考えに近いものを有していた。

第三は、「人間」の見方の変化である。カーライルは「わたしはまた今では別の目で同胞を見ることができた。無限の愛情と無限の憐れみの情をこめてである。（中略）人間には苦しみと罪があるがためにわたしは今初めて人間を兄弟と呼んだのである[18]」と述べている。その箇所で、新渡戸は次のように言っている。「人間は今まで欲の塊で、その努力たるや実に卑しむべきものと思われていたが、今や、人間は自分と同様、もがき苦しむ存在として、その苦悩ゆえに迷い過ちも犯す弱き存在として親しみ愛すべきものとなった。わが兄弟よ、お前のお終いの休み処は、墓より他にないではないか。何故、己はお前を胸の中に抱いてお前の眼から涙を拭ってやることができないのだろうか。以前は人を見れば、泥棒と思へという考えであったが、誰を見ても可哀そうだという気になった[19]」。

カーライルは「永遠の肯定」の章で、苦悩からの解放をもたらすものとして、トイフェルスドレックの「悲哀の聖殿」(“Sanctuary of Sorrow”)への到着を次のように語る。

「われらの荒野は無神論的世紀における広い世界であり、われらの四〇日は苦悩と断食の長い年月である。それにもかかわらず、これらにも終わりがくる。そうだ、わたしにも勝利ではないにしろ、戦いの意識と、生命や能力が残されている間は、戦いぬこうとする決心とが与えられている。悪魔の住んでいる、目にも耳にも、もの悲しい魔の森に迷い込んだわたしにも、疲れきった放浪の果てに、一段高い日向の斜面——頂きのない、あるいは天にだけその頂きがあるあの山の斜面にやっと抜け出てよいとの許しが出たのである。(中略)このようにして私は「悲哀の聖殿」の入り口に立っていた。不思議な険しい道々を通って、わたしもまたそこへ導かれていたのである。それで、やがてその聖なる門が開いて「神聖な悲哀の深み」が、わたしに明らかにされるであろう[20]」

カーライルが『衣服哲学』を書き始めたのは一八三〇年であるが、一八二四年にはゲーテの『ヴィルヘルム・マイスターの遍歴時代』を英訳している。『遍歴時代』に「悲哀の神殿」の元になる語“das Heiligtum des Schmerzes”が出てくる。カーライルは、その語を“Sanctuary of Sorrow”と英訳したが、それは、信仰を失っていたカーライルをキリスト教信仰へと再生させるきっかけとなった。カーライルはゲーテに無限に恩を感じており、「もし私が暗黒から救われて、或る程度の光明に達したとすれば、(中略)あなたの作品の研究のお蔭なのです[21]」と語っている。

ゲーテ(一七四九〜一八三二)は、悲哀の聖殿を「キリストの十字架上の受難」と同義に捉えていた。『遍歴時代』の第二巻に[22]、主人公ヴィルヘルムが息子フェーリクスを預けるために学園の長老と面会する場面がある。学園では十字架に磔にされた受難のキリスト像が飾られている部屋があり、「悲哀の聖殿」と呼ばれていたが、その部屋は、よく修行した生徒のみが年に一度入室を許可されることになっていた。それはいたずらに何度もその受難を表現した絵や像を見せるよりも、まずそのことに思いを馳せ、キリストの受難に敬意を表して、定められた日に厳かな気持ちで拝観する意義深さを教える方が教育的に効果があると考えたからである。

それでは、修行した生徒のみに入室を許される修行とはどういうものであったのか。

長老たちは、人間にとって何よりも大事なものは「畏敬」だと語った。「畏敬」には三種類あるという。第一は「われわれの上にあるものへの畏敬」である。上にあるものとは「創造主」を指している。第二は、「われわれと等しいものへの畏敬」である。ここは「使徒信条」でいう聖徒の交わりを意味していると思われる。同胞との関係の重要性を意識せよとも解される。第三は、「われわれの下なるものへの畏敬」である。ここにこそキリスト教的心情が最も多く示されているとゲーテは述べている。「低劣と貧困、嘲笑と軽蔑、汚辱と悲惨、苦悩と死を神的なものと認め、それればかりか罪悪自体や犯罪をも聖なるものの妨げではなく、それを促進するものとして敬い愛するように[23]」と長老たちの口を通してゲーテは自己の信条を語っている。ここにはゲーテの人道主義的キリスト教観が表れており、本来のキリスト教は「弱者への愛」にあるとゲーテは見ている。イエスは「医者を必要とするのは、丈夫な人ではなく病人である。わたしが来たのは正しい人を招くためではなく、罪人を招くためである（『マルコ』二章一七節）と弱者への慈しみを述べているが、その精神に通底するものがこの第三の畏敬である。第三の畏敬は、キリストが人間に注ぐ無償の愛であり、人間もまた、自分より弱い存在に対して愛を注ぐことにこの世の使命があるとするものである。

新渡戸は、一高での倫理講話で、人間より上のものに想いを致す瞑想（meditation）と人間同士の横のつながりである社交性（sociality）の重要性を常々強調していた。それがゲーテの説く三種の畏敬の第一と第二である。第三の畏敬の例としては、恵まれぬ子たちのために「遠友夜学校」を創設したことがあげられる。

新渡戸は、『ヴィルヘルム・マイスターの遍歴時代』を読んでおり、随筆「悲哀の使命」に「ゲーテは基督教を悲哀の宗教と称した事を観ても、如何に基督教が悲哀に重きを置き、且つ悲哀の観念に至りて心細く思う人、淋しく感ずる人、即ち悲哀の人々に偉大なる慰藉を与へるかが解る[24]」と述べている。新渡戸は、十七歳で母の死に遭遇し、結婚してからは一人息子を生後一週間で亡くしている。新渡戸は、悲哀の経験は神からの特別な意味があるはずだと考えた。「悲哀は唇には苦いが、霊魂には良薬である」という確証を得、また、自己の使命を他者の悲哀の癒しに役立てたいとの思いが「自己の悲哀の社会的使命へ」という境地に導いた。喜びではなく、悲しみのひもが人々を結びつけていると考えている点が新渡戸の特色である。彼は悲哀について「SORROW'S DISPENSATION[25]」と題して次のように述べている。

「悲哀は至るところに見られる。（中略）人間は悲哀のひもで自然界につなぎとめられ、お互いの思いやりの絆によって許し合い、我々は神の国という、より高い究極のところに導かれる」

新渡戸は悲哀の究極的な意味や使命をイエス・キリストが人類の悲しみを背負って磔になったところに見出す。そして、人間もそれぞれが悲哀を抱えており、悲哀を通して、神と結びつき、また、人間同士も連帯を強められていくと捉えていた。新渡戸は「宇宙全体は悲哀に満ちたもので、進化は悲哀の歴史ではないか[26]」とも表現している。新渡戸は「悲哀の使命」で「悲哀の意味を知らぬ人は未だ人生の真相を解していない」と明言した上で四つの使命があると考えていた[27]。

(1) 悲哀は学問や常識では解らない真理を知らしめる。
(2) 悲哀は可哀そうな人を助けようとする勇気を引き起こす。
(3) 悲哀は自己を清めた上に動機を清めて事業に当たらしめる。
(4) 悲哀は同情を引き起こす。

新渡戸は悲哀の究極的な意味や使命をイエス・キリストが人類の悲しみを一身に担って十字架にかかった犠牲に見出す。そして、他者の悲哀に共感を寄せ、自己の悲哀の経験を他者のために生かし、他者に対する慈しみへと引き上げようとするのである。新渡戸の人生は悲哀に満ちていたが、自己の悲哀の経験を生かして、愛の教育実践を行うことが自分の人生の仕事であると認識した。

一般には、キリスト教を悲哀の宗教と強調することはない。ジョージ・フォックスは、悲哀から宗教に入るとは説いていない。しかし、日本のクエーカーは新渡戸の影響を強く受けており、悲哀が宗教への入り口であるという理解をしている人は多い。ここに、クエーカー一般とも異なる新渡戸独自の宗教理解がある。

Ⅲ　新渡戸の精神世界

(1) 新渡戸の宗教観――「信仰即実践」

「宗教とは人が神の力を受けて、之を消化し己のものとして、之を他に顕すことを云ふのである」と「宗教とは何ぞや」[28]と題する講演で述べている。「宗教は意志の働きなり」と信じて、神から受けたものを形に顕そうと新渡戸は意志の働きを大事にした。これは、王陽明の「知行合一」とつながる点がある。一般にキリスト教は、信仰を実践に移すことを勧めてはいるが、ルターの聖書理解に見られるように、信仰第一であり、必ずしも「信仰即実践」とは教えていない。そういう意味で、新渡戸の主張する信仰の実践への転化の教えは、ジョージ・フォックスから影響を受けていると思われる。新渡戸は、ジョージ・フォックスやウィリアム・ペン、アメリカで出会ったクエーカーたちの中で、「神に導かれたら、思うところをどこまでもやる」というフォックス精神に触れ、他の意見を恐れずに自分の思うところを行う姿勢を身につけたと思われる。

ボンでの宮部金吾宛ての手紙に次の文面が見られる。(一八八八年二月二日付)

「農政とか農法などと大言壮語をしていても、魂に飢え渇く人間を一人すら救ふことも神に近づけることもできないでしょう。私は彼等に食ときちんとした服を与え、教会に行けるようにさせたい[29]」

新渡戸の信仰の実践の目的は、「人々の衣食住に関わる仕事をして、神に奉仕すること」と「人々をキリストに導く平信徒宣教をすること」にあったと言える。新渡戸のキリスト教信仰の実践の根底にあるものは、信仰は愛の実践として顕現されるものであり、キリスト教徒は、キリストの生涯に倣う者であるべきだと考えていたことであった。

（2）新渡戸の神秘主義

新渡戸は札幌農学校時代に「父の光」を体験している。また、ソクラテスがダイモニオンの声を聞いたことも実際にあったと信じている。神の声は、西洋、東洋に拘わらず、人類に投げかけられたと考えていた。新渡戸が尊敬する人は、リンカーンとジャンヌ・ダルクであったが、ジャンヌ・ダルクに対しては崇拝の念も持っており、心霊的な人物に強く惹かれるところがあった。新渡戸は一九〇〇年、ジャンヌの生地・ドンレミを訪れているが、この時、猫が先に立って案内し、ジャンヌが御告げを受けた泉まで導いてくれたという[30]。さらに、一九二一年にはメリー夫人を伴って、ジャンヌの故地をめぐっている。新渡戸はキリスト、仏陀、モハメット、それに加えてジャンヌ・ダルクを四聖としているが、四聖の中にジャンヌ・ダルクを入れているところに新渡戸の独特の見方がある。

また、山形県の盲目の禅宗の僧・佐藤法亮尼とも特別の親交を持ち、新渡戸が一九三三年、カナダで病に倒れた時、手術をすべきかどうかを電報で聞いている。佐藤法亮尼は「手術をすれば死ぬ。しなければ余命あり[31]」と電報で知らせたが、それが新渡戸の手に届かず、新渡戸は開腹手術を受け死去している。

新渡戸の神秘的傾向は、生涯にわたって続くものであるが、それは神の霊が人間に宿るということを重く受け止めていたからだと思われる。『武士道』の中でも、神は諸国民と契約を結んだ（旧約）と述べているが、キリスト以前にも人間は「内なる光」を持っていたと信じている。

もうひとつ、新渡戸の神秘主義の背景には、自然の根底に神を見ていたことである。スピノザのように神即自然という捉え方はしていないが、キリスト教的神秘主義と言えるものがあった。自然の宝庫は崇敬によって開かれるのであって、科学でわかるのは断片的であって、「自然の最も荘厳なる教訓は、之を伝ふるものが、声朗らかなる鶯にもあれ、香り高き梅にもあれ、路傍の草にもあれ、皆吾人をして神と人とに近づかしむるものなり[32]」と『随想録』で述べている。自然における賛美につぐ賛美、自然と自己とを同一視して、等しく無限の神の創造の業と自覚する、この自然神秘主義の根底には、自然をも他の人をも自己の同胞として、一視同然の愛を惜しまぬ精神が見受けられる。

新渡戸は、ベルグソンとも親交があったが、ベルグソンは「偉大な神秘家とは、人間種の物質性のゆえに指定されたさまざまの制限を乗り越え神の働きを続けかくしてそれをさらに先へと伸ばしてゆくような個性であろう[33]」と述べている。新渡戸の神秘主義は、クエーカーとも重なるが、神秘主義的思想家とも共通するものがあった。

（3）精神重視の思想

新渡戸は精神的なものに真実があり、本質があると考えていた。目に見える表層的理解ではなく、見えざる実在に目を向け、それによって意味が与えられると理解していた。人間が見えざる神に支えられているという点もその一つであり、カーライルの『衣服哲学』の講義においても、人間をただ人間として見ない、soulとして見る。衣服は見ない、衣服をとってしまってessenceとして見ることを強調している。本稿の第2章で触れる農業・工業・商業の三足鼎立論においても、物質的な面での理解に留まらず、精神世界の農業・工業・商業の交流にまで踏み込んでいるところに新渡戸独自の視点がある。第3章の植民思想においても、植民の究極の目的を文明の伝播に置き、フロンティア精神を希求するという精神面を重視している。この精神重視の思想が既成概念を打ち破る原動力になったのではないかと思われる。新渡戸は女子教育の父、社会教育の母と言われるが、良妻賢母の既成概念を変え、恵まれない児童、生徒への教育への情熱の源泉は、「悲哀」を宇宙空間で捉え、魂と魂の触れあいという観点から思想を構築していたからではないだろうか。

また、国家という枠にとらわれず、国際的視点を持ちえたのも、精神面における自由な主体としての個人を軸に、国家や世界を考えていたからこそ国際的な働きが可能となったと思われる。新渡戸は次のように言っている。

「国家は人間の全体を包括しはしない。人間は国家よりも大きい。人間は自分の内に、この世の国や、国家の一切の主張を超越するものを持っている。人間の無限の魂を、国家の限られた枠組の中に閉じこめることはできない(34)」

『武士道』の中で語られた徳、国際連盟での働き、そして、平和を希求していった活動も、人間の行為を精神面でとらえる新渡戸の精神重視の思想があって、はじめて可能となったのであろう。そういう意味で、新渡戸は精神に開かれた思想家であったと言える。

結び

新渡戸の人格論は、新渡戸自身の人格形成のあり方とそれを日本社会に一般化する場合とに分けて論じる必要がある。

新渡戸自身の人格形成は、宗教的にはクエーカリズムとカーライル・ゲーテの文学作品からの感化であった。共に当時の日本人の人格形成とは遠い存在のように思われるが、全ての人に「内なる光」が宿っており、神との直接体験を重んじるというクエーカー的視点はそれほどハードルが高いわけではない。また、「永遠の否定」から「永遠の肯定」という点は、当時の青年の煩悶を解くきっかけになり、理解できないものではなかった。東洋思想との融合を図りながら宗教理解を進めていた点も、後に人格論を一般化していく上で極めて重要な意味を持つものであった。

その人格論の一般化において、新渡戸は、武士道に着目した。武士道精神は、若き日、新渡戸にも教え込まれたものであったが、武士階級の消滅と共に社会から忘れ去られる運命にあった。しかし、武士道精神の良質な面は、市民平等のデモクラシーの時代になった後も一層、光を放ち続けるものだと見ていた。佐藤全弘氏は言う。

「この無限の魂が、時代を超え、民族を抜け、社会を貫き通して、この世の国以上のものと相触れる時、その魂の放つ光は、人類の魂を照らし、心ある人の琴線を振るわせる。そのような光を放ち、そのような響きを発する魂が、社会の各層にある時、農民に、商人に、労働者に、男性に女性に、老人に若人に、ただその魂が存在するだけで、その社会は道義を失わず節度を保つものとなる[35]」

新渡戸は武士道のよき点と同時に、悪しき点も認識していた。海外に向けて書かれた『武士道』では、あまりその欠陥については触れていないが、国内の学生たちには、武士道の限界ということを授業などで語っていた。新渡戸が一高校長時代に学生生活を送った森戸辰男は次のように述べている。

「『武士道』の著者が吾々に対してこの武士道を理想的なものとして鼓吹せず、むしろその欠陥と思われる人格、教養、社交性等を強調された。先生は武士道によって欧米人をして我国伝来の精神文化の価値に眼を開かせ、根拠なき東洋軽侮の態度を反省させたのであるが、同時に立場をこそ替へても結局それと同じ態度しかないところの我国における反動主義者の態度、すなはち、無反省に我国文化の価値を過大評価し、之に感激してひたすら西洋文化を蔑視若しくは敵視するが如き我国における反動主義者の態度には決してくみされなかった。却って、我国民に対しては、そして特にその将来を担ふ進歩的な青年に対しては、我国在来の文化の、武士道の批判に、そして止揚に、力を入れられてゐたのではなかったかと思う[36]」

新渡戸は、日本の魂、日本思想の解明のために『武士道』を書いたが、古武士的人間ではなかった。

武士道を決して手放しで礼賛するという姿勢をとらず、ある種の距離を保って、冷静に見ていたと思われる。日本古来の武士道から採るべきところを採り、そのエッセンスを平民の倫理に投影させ、人間本来のあるべき姿を提示したところに新渡戸の真価がある。新渡戸の人格論は、武士道が占める要素は大きいものの、その良質な部分のみを残して、近代に即した人格形成論を展開していった点に特色がある。その人格形成論を当時、人口の多数を占めていた農民の倫理を確立することから始めることとなる。それが第2章のテーマである。

註

(1) ハワード・H・ブリントン著、高橋雪子訳『クェーカー三百年史――その信仰の本質と実践――』基督友会日本年会、一九六一年、五五頁。
(2) 矢内原忠雄「内村鑑三と矢内原忠雄」『矢内原忠雄全集　第二四巻』岩波書店、一九六五年、四〇三頁。
(3)『帰雁の蘆』『全集　第六巻』一三八頁。
(4) 松隈俊子『新渡戸稲造』みすず書房、一九六九年、四七頁。
(5) Thomas Carlyle（一七九五～一八八一）英国の文筆家。新渡戸は『サーター・リザータス（衣服哲学）』を生涯三〇数回読んでいる。原題はラテン語の Sartor Resartus で、日本語に直訳すると「仕立て直された仕立屋 tailor repatched」である。
(6)『帰雁の蘆』『全集　第六巻』一三八―一三九頁。

(7)「日本人のクェーカー観」『日本文化の講義』『全集　第一九巻』四一二頁（初出一九二六）

(8)同右、四一五—四一六頁。

(9)Richard Maurice Bucke（一八三七～一九〇二）イギリスで生まれ、カナダの医学部で学ぶ。三十六歳の時に宇宙意識を体験し、そのことを著書『宇宙意識』（一九〇一年）に記した。

(10)「日本人のクェーカー観」四一六頁。

(11)カーライルは、Sartor Resartus（『衣服哲学』）を一八三〇年に書き始め、翌年には脱稿していたが、引き受けてくれる出版社を見つけることができず、エマソンの計らいで一八三六年に米国で公刊することができた。日本語訳は、谷崎隆昭訳『衣服哲学』山口書店、一九八三年を使用した。

(12)『全集　第九巻』一三—一二三頁。

(13)「カーライルに負うもの」『東西相触れて』『全集　第一巻』一八二—一八六頁。

(14)谷崎隆昭訳　前掲書、一九三頁。

(15)同右、一九三頁。

(16)『衣服哲学講義』一五一頁。

(17)同右、一五四頁。

(18)谷崎隆昭訳　前掲書、二一五—二一六頁。

(19)『衣服哲学講義』一五六頁。

(20)谷崎隆昭訳　前掲書、二一一—二一六頁。

(21)ゲーテ、カーライル、山崎八郎訳『ゲーテ＝カーライル書簡』岩波文庫、一九四九年、八頁。

(22) ゲーテ、登張正實訳「ヴィルヘルム・マイスターの遍歴時代」『ゲーテ全集　第八巻』潮出版、一二七―一四二頁。
(23) 登張正實訳、前掲書、一三四頁。
(24)「悲哀の使命」『全集　第一〇巻』五八頁。
(25)『全集　第一二巻』三二八―三二九頁。
(26)『全集　第一〇巻』六一頁。
(27) 同右、六四―六五頁。
(28)「人生雑感」『全集　第一〇巻』一三―一二頁。
(29)「宮部金吾宛書簡」『全集　第二二巻』二八四頁。
(30) メリー・エルキントン「ジャンヌ・ダークと新渡戸博士」『新渡戸博士追憶集』『全集　別巻一』四四五頁。
(31) 佐藤全弘・藤井　茂『新渡戸稲造事典』教文館、二〇一三年、六二〇頁。
(32)『随想録』『全集　第五巻』一四七―一四九頁。
(33) ベルグソン『世界の名著五三』中央公論社、四四〇頁。
(34)『全集　第一四巻』二六五―二六六頁。
(35) 佐藤全弘『日本のこころと「武士道」』教文館、二〇〇一年、三―四頁。
(36) 森戸辰男「教育者としての新渡戸先生」『全集　別巻一』二九九―三〇〇頁。

第2章　産業の基盤となる農業思想の展開

――人間形成論の端緒としての『農業本論』――

新渡戸の学問は農業からスタートした（農業経済学）。開拓使として、北海道の土壌改良等に取り組んだ新渡戸であったが、最終的には、農民倫理の確立が急務であると考えるようになった。明治時代、従属されていた立場から急に自由になった農民の中には、軽率にも借金し、その結果、与えられた土地を失う者も少なくなかったからである。視察に訪れて、北海道の農民たちのあまりの劣悪な生活環境、すさんだ心、向上心のなさに、新渡戸は愕然としたのであった。

新渡戸が一八九八年に出版した『農業本論』は、留学していたドイツの学問の影響が強く見受けられるが、その中の一つの重要なテーマは、農民の倫理形成である。新渡戸は、個人の徳として主に三つあげている。まず、「勤勉」という徳である。何事も勤勉でないと成功はおぼつかない。次に、命じられたことをただ単に行うのではなく、自ら道を切り開いていく「進取の気性《（象）》」である。そして、人間同士が孤立して生活するのではなく、お互いに連帯し協力しあってこそ、社会は発展していくという考え――これはある意味「自由」へとつながっていく。ここに主体的な個人倫理のエッセンスがある。また、個人を支えるものとして共同体がある。そこでは、寡婦などの弱者を共同体全体で支える「仁」、田畑の境界を守る「誠」の徳がなければならない。そして、最上層に置いたのが「宗教」である。これを図示すると上のようになる。『武士道』では、忠を最上層に置いたが、『農業本論』では、それが宗教になっている。人間同士の連帯を横軸とすると、縦軸が宗教である。この点に、後に『修養』『世渡りの道』で説かれる縦軸、横軸の人間形成論の原型がある。

『農業本論』にみられる人間形成論

はじめに

新渡戸稲造は「思想」「教育」の分野で数多くの著作を遺しているが、最初の研究分野は「農学」であった。新渡戸は農学を志して札幌農学校に学び、アメリカの大学を経て、ドイツの三つの大学で学んだ。一八九〇年、ハレ大学のコンラート[1]の指導の下でまとめられた学位論文が 'Über den Japanischen Grundbesitz, dessen Verteilung und landwirtschaftliche Verwertung.'（「日本の土地所有、その分割および農業経済的利用について」）である。副題― Eine historische und statistische Studie.（歴史的および統計的研究）（日本語のタイトルは『日本土地制度論[2]』）。帰国後、札幌農学校の教授の任を経て書かれたのが『農業本論』（一八九八年）で、『農業発達史』も同年に出版されている。農業論に関する著作は、これら三冊をもって代表させることができる。

その中でも『農業本論』は新渡戸の名著の一つとされ、近代日本において社会科学的観点から農業を多角的に、また、精神面にまで深めて検討した著作であった。出版時、農学分野に限らず幅広い読者層の関心を集めたためベストセラーとなり、戦後、農山漁村文化協会編『明治大正農政経済名著集』の第七巻（一九七六年）に収められている。『農業本論』は出版時より、好意的あるいは批判的な書評が錯綜し、たとえば徳富蘇峰が「寛容博厚の精神的調子を以て満たされている[3]」と賞賛し、横井時敬は「新渡戸の農学は雑然的で非系統的[4]」、河上肇は「新渡戸の貴農説は重農主義[5]」と批判している。時代は下るが、東畑精一は「『農業本論』は読む者をして農学に志さんと追い立てる」[6]と肯定的評価をしている。定説となっているのは蓮見音彦の見解で、「新渡戸の農業論は中間的であり、その後の日本の農村研究に果たした役割は必ずしも大きいとはいえない」という評価である。新渡戸の農業論には資本主義的、合理主義的政策が流れているが、それは徹底されておらず、都市と農村の関係、農業と商工業の関連においても一つの方針が貫徹されていないというものである。蓮見のこうした見解[7]は現在に至るまで共通認識となっており、原洋之介も『農業本論』は「中途半端で常識的[8]」と述べている。確かに、『農業本論』には、横井時敬の唱える「小農主義」「農本主義」に匹敵するスローガンも見受けられず、また、具体的政策、例えば、北海道への植民、小作問題等が論じられていないため、漠然とした印象を与えるのであろう。新渡戸は当初「農政」の本を書く予定であり、したがって、『農業本論』はその前提となる本であったが、諸事情により「農政」の本は書かれずに終わった。中途半端という批判は、この本が「農政前提」という限定的な位置づけのもとで書かれたことに起因するものでもある。

新渡戸は、一八九三年、自分が受けた札幌での教育を振り返って、「札幌農学校はドイツで熱心に行われたカメラリスティック・サイエンス（官房学）の学校に類似している[9]」と言っている。そして、「ハレにおいては「農学」と「林学」、「行政」と「政治」、「経済学」に分解され、札幌ではそれが「農学」に集中した」と続く。新渡戸は自分が学んだ札幌農学校の教育を官房学と受け止めており、農学の定礎者テーヤ[10]が果たした役割を日本において担おうとしたと考えられる。

本稿ではまず、新渡戸が留学した時代の十九世紀ドイツ経済思想の農学・農政学について触れ、その影響を受けて書かれた学位論文『日本土地制度論』において、新渡戸が明治維新以後の日本の農業をどう捉えていたのかを論じることとする。次に『農業本論』出版時の日本の農学・農政学の状況に言及し、最後に『農業本論』で展開された新渡戸の農業思想の特質及び農民倫理の確立について考察する。本章では特に農民倫理に着目し、その後に出版された『武士道』（一九〇〇年）、『修養』（一九一一年）に見られる人間形成論の前史をなすものとして『農業本論』を位置づけることができるのではないかと思われる。

第１節　十九世紀ドイツ経済思想の受容

十九世紀の初頭、ドイツにあっては、全人口の八割以上が農業に従事していたが、農業の後進性が産業全体の生産性を阻んでいる状況であった。一八〇六年、ナポレオン戦争に敗北したことによりドイツが弱体であることを痛感した官僚が、その原因を近代化の立ち遅れにあるとして、プロイセンでは、不徹底ではあるが、農民の職業選択と土地取引の自由が認められ「上からの近代化」が推し進められた。その結果、領主の手に広大な土地が集中し、その反面、多数の農業労働者が出現したのである。大土地所有者と零細農および農業労働者が同時に存在するという問題に対してどう取り組むかが、十九世紀ドイツ農業問題の課題であった。

新渡戸は『日本土地制度論』で、テーヤ、ミュラー、リスト、ロッシャー、シュモラー、ヴァーグナー、ゾンバルト等、十九世紀の広範な経済学者、農政学者の文献を渉猟している。ここでは、農業問題とそれに関する事柄に限定し、新渡戸に多大の影響を与えたテーヤ、ミュラー、リスト、シュモラーについて論ずることとする。

テーヤの業績の最大のものは「農学」という分野を独立の科学として成立させたことである。それまで農業問題は官房学という枠内で論じられており、官房学の関心は国家と御料地経営であった。強制耕作、労役、共有土地、他人の土地に於ける放牧権等が残滓として存在し、それらに反対したテーヤは、個々の農民は自分の土地を己が自由になし得るということから出発した。ハウスホーファーは「テーヤは自ら『自由人』homo liberalis、すなわち自由な精神をもった人間であり、したがってまた、農民に一人残らず最高度の自由を得させたいと望んでいた[11]」と述べている。テーヤは農業を、植物性及び動物性物質の生産によって収益をあげ、貨幣の獲得を目的とする一つの営業と捉えた。独立した一つの分野として認められるためには、農業が営利を生み出す必要があり、それ故、テーヤは農業における合理性を追求した。中世的な三圃式による強制耕作から輪作方式の導入、耕種と畜産との間の循環等、新たな方式による農業が実践に移された。ツェレ、メークリンの農場での合理化への努力の過程が、テーヤの主著『合理的農業原理』(一八〇九～一二)に記されている。当時、ドイツにおいてもスミスの市場原理的な経済学が猛烈な勢いで普及しつつあり、ラウ[12]に代表されるドイツ古典学派が急速に勢力を伸ばしていた。「テーヤの根本思想は、アダム・スミス流の自由主義思想であり、中世的領邦主義的なものから、自由な新しい社会への夜明けを期するものであった[13]」

次にミュラー[14]であるが、彼は「社会・経済の諸集団・諸人格が自由な競合を通して一定の調和的状態へと至るという自然法的・予定調和的な観念[15]」を重視した。主著『国家学綱要』において「自由は個々人が、ただの肉体としてではなく道徳的人格として国家の多様な構成要素となるべき一つの特性である[16]」と述べているように「自由」への深い洞察がミュラーの特色である。そして現在の視点だけでなく、過去と未来をも含めて判断する必要性を指摘している。「過去から未来へと受け継がれていくべきものは「美しい不死の共同体」であり、それは、言語、習慣、法律、制度、家族、世襲的土地所有という諸形態で存在する。過去・未来の不在世代の自由を尊重することは、ミュラーによれば、これらの諸形態をその「理念」とともに継承していくことを意味する。それを通じて現在の世代の一面的な自由の主張を緩和することにより、双方の自由が承認された理想的秩序が形成されるのである」[17]ミュラーは、マニュファクチュアにおける単純労働では機械のような賃労働者に変質すると見ており、人格的な結びつきがあるツンフト制度の維持を唱えている。農業論に関しては、一八一二年に「農業書簡」を発表しているが、商品生産を目的として農業を営むか否かによって「孤立的農業」と「商業的農業」に分けている。「商業的農業」は市場経済的な農業であり、世界貿易のための商品生産を目的として「貨幣」に依存する農業である。他方「孤立的農業」は、外国貿易に依存することなく、人格的で高貴な奉公関係によって特徴づけられる中世の封建制にモデルを見出す農業である。ミュラーは後者を高く評価しており、かつてのドイツにおいては、領主と農民の間にはお互いに信頼に基づいた高貴で人格的な義務があり、領主は農民を保護し、農民は領主への奉公義務が存在していたと捉えている。市場経済は、ミュラーにとっては、この信頼関係を崩壊させ、社会のバランスを失わしめるものであった。[18]経済体制を財だけでなく、精神世界をも含めて理解し、中世の人間関係においてこそ近代が失った信頼関係が存在したと考えたのがミュラーである。

リスト[19]は後進国の経済発展は如何にあるべきかを分析した点で日本に多大の影響を与えた。彼は、零細土地制度と農業部門での封建遺制とを解消して、近代的な適正規模の農業経営と市民的な独立農民とを創出すべきと主張した。一八四一年に刊行した『経済学の国民的体系』の中で、五段階の経済発展段階説を唱え、「諸国民は次のような発展段階を通り過ぎなければならない。即ち、原始的未開状態—牧畜状態―農業状態―農工業状態―農工商業状態である」[20]と規定している。イギリスと比較して、当時まだ後進国であったドイツ工業を保護政策により発展させ、第五段階の農工商業状態に進ませることをリストは提唱した。一国の農業・工業・商業が均等的、かつ調和的に発達している状態が最も望ましく、この場合においてこそ、国民的規模における分業及び生産力の結合が行われて、労働の生産性は高まり、その国民における精神的生産と物質的生産とが正しく釣り合うと考えた。リストは精神面にも言及しており、「未開の農業にあっては、精神の鈍重、肉体の不器用、古い観念・習慣・風習・作業方法の固守、教養・福祉・自由の欠如が行きわたっている。これに反して工・商業国では、精神的及び物質的諸財の不断の増加を求めて努力する精神、競争と自由との精神が特徴をなしている」[21]と述べ、経済発展により精神面も開かれていくことを指摘している。リストは保護主義を唱えた点でスミスと対比されるが、農工商の均衡的発展という点ではスミスと系譜を同じくするものであった。ミュラーとの対比では、ミュラーが中世への回帰というベクトルを持っていたのに対し、リストは進むべき方向性は違っていたと言える。

最後にシュモラー[22]であるが、新渡戸はベルリン大学で彼の講義を聞き、直接に指導を受けた。シュモラーの自宅にも招かれ、人格的にも感化されるところがあり、後に「学徒の模範」[23]というタイトルで回顧する文章を遺している。シュモラーは「小営業の没落と過剰が自由競争と経済的合理主義の結果ではなく、市場社会に適応できない伝統的心理にあると指摘し、中小企業者を育成すべき国家社会主義政策を要求した」[24]シュモラーは社会政策学会の中心的存在であり、農業の改善には知性に富んだ合理的農場主の存在と技術的・倫理的水準の高い農業労働者の人間変革が必要であると主張した。東エルベ地域の遅れた農村を近代的農業に転換させるには、ユンカーの広すぎる土地と劣悪な農業労働者の待遇改善が課題であった。ユンカーの下の農業労働者は農奴に近い劣悪な状態にあり、有能で自覚的な労働者は賃金の高い都市へ流出して行く傾向にあった。また、シュモラーは国際分業と同時に国内分業の必要性を説いた。東エルベでは大土地所有者が二〜三万人に対し、労働者が一五〇〇万人も存在し、ごく少数の富裕層と大多数の貧困層とで構成されていた。工業化＝市場形成の観点から植民事業を提起し、東エルベの農民をドイツ工業の購買層になり得るように育てようとした点にシュモラーの政策の特色がある。

新渡戸は「農学」という分野を確立したテーヤからその合理主義精神を学び、ミュラーからは、農業の持つ精神世界の広がりと社会の人間関係のつながりを意識させられた。リストの農工商の均衡的発展は日本の取るべき道であり、日本は第三段階の農業状態から第四段階の農工業状態にあると認識し、シュモラーからは、農民の倫理向上を教えられ、東エルベの遅れた地域の開拓の方法は北海道にも適用できるのではないかという示唆が与えられた。[25]

第２節　『日本土地制度論』における農業理解

新渡戸は、一八八七年から一八九〇年までドイツで学び、ハレ大学に提出した学位論文が『日本土地制度論』である。ドイツ語で書かれ、ベルリンで出版されている。第Ⅰ部と第Ⅱ部に分かれ、第Ⅰ部は歴史的展望、第Ⅱ部は現代の土地所有における配分および利用状況が記されている。本書の冒頭では、日本の格言である「農は国の基」と、フリードリヒ大王の「農業は人の営みの第一のものである。それなくして、商人も王侯も詩人も哲学者もありえない」という言葉を対比させている。また、マンチェスター学派に言及し、レッセフェールは楽天的（optimistisch）な考え方であり、零細農の困窮を放置することにつながると危惧している。そういう危機的状況に陥った場合は、国家は人間愛と責任感から農業状況の改善を促す必要があると警鐘を鳴らしている。『日本土地制度論』は、古代から一八八〇年代までの日本の土地制度に焦点を当てて論じたものであるが、ここでは明治以降に限定して考察する。

新渡戸は明治政府の一連の農業政策に関して、農民解放という点では一定の評価をしており、「中世以降農民ははじめて、自らの大地を耕し、今や彼らはそれを思いのままにすることができた」[26]と述べている。しかし、明治政府の諸政策の中で、一八七三年の地租改正による金納化、一八七五年の地所の分割制限の廃止には疑義を呈している。金納化に関しては、農民が生活資金を得るために収穫した米をできるだけ早く売ろうとして自ら価格の低落を作り出しているという問題があった。地所の分割はより零細化を招き、一層貧困に拍車をかけるものであった。新渡戸は、小土地所有とその細分化が、家庭生活の破壊、健康状態の悪化をもたらすと危惧しており、「わが国の農民層は道徳的にも肉体的にも健全な状態にはない[27]」と分析している。そして、根本的な問題としては、解放された農民の倫理観が十分に育っていないことにあるとして、次のように述べている。

「従属していた立場から、急に自立した状況にあげられたことによって混乱し、夢にも思わなかった自由に眩惑されて、農民の多くは軽率に借金をし、その結果与えられた土地さえ失うことになった。このようにして多くの土地所有者は再び小作に転落した[28]」

明治政府の農業政策を「農民解放」という見地から評価しつつも、農民の実態の暗黒面に光をあて、将来的展望をもって改善がなされるべきであるというのが『日本土地制度論』で示された見地であった。それではどのような政策をとるべきか、新渡戸が提起した農業政策は次の点である。

第一に、農業から他の産業にシフトすることで、一人当たりの耕地面積を拡大することである。日本の耕地面積の平均は〇・八ヘクタールしかなく、経済的合理的な耕地面積と新渡戸が考える二ヘクタールを大幅に下回っていた[29]。それではいかにすれば平均耕地面積を広げることができるであろうか。時間はかかるが、新渡戸は人口の七割を占める農民が他の産業（工業、商業）へシフトしていくことが、一人当たりの耕地面積の拡大につながると考えた。日本のように国土面積が狭く人口が過密な国では、他の産業へ人口が移動することで農地面積も広がり、農工商のバランスを保った経済構造になると認識していた。この点はリストからの影響が大きいと思われる。

第二に、畜産の拡大である。宗教的衛生的事情等から、日本では江戸時代まで、牛肉、豚肉等を食用とすることはなかったが、明治になり肉食が普及したことで牧畜による食料増産の道が開けてきた。幸いにも日本には多くの休耕地があり、そこを牧草地として活用する余地は十分にあった。畜産の奨励と休耕地の活用はテーヤから学んだテーマである。

第三に、山林の拡大である。これは右記の畜産とも関係するが、日本は豊富な森林資源を有効に活用してこなかった。森林を開発することによって、単に国内需要を満たすのみならず、輸出することも可能となる。その実現のためには、国家は交通手段、つまり林道を建設することによって森林事業を根本的に改良しなければならないと提案している。

第四に、新渡戸が最も期待したのは北海道の開拓である。いくつかの農業政策を提起した新渡戸であったが、短期的には有効な解決策にはならないと考えていた。新渡戸はドイツ留学中、北海道開拓が日本の将来を大きく左右すると捉えており、『日本土地制度論』の最後を、次の文で結んでいる。

「北海道（エゾ）こそ、旧日本[31]における農業問題の具体的解決への途を私どもに示してくれるのである。（中略）ここにはいまだだれも思い浮かべなかった未利用の力が眠っている。そこへすぐに旧日本の生活の備えのない多数の人々が群れを成して移入し、新しい故郷と新しい共同体を作るだろう。これこそが未来の国であり、そこに私どもの問題の具体的解決がある[32]」

新渡戸はドイツを離れる際、東エルベ地方を視察しており、ドイツの国内植民政策に強い関心を持っていた。遅れた農業のてこ入れというシュモラーの提起した課題、広く言えばドイツ歴史学派が抱えていた課題の解決方法を新渡戸は日本にも適用しようとしたのではないだろうか。

なお学位論文の続編として、プロイセンにおける国内植民を参考にして、北海道の開墾と植民について書く予定であったが、未完に終わった。その後、新渡戸は日本に帰国して札幌農学校教授として日本の農業政策を観察していく中で、最も重要な事は農民の倫理性の向上であることに気づかされた。農業の発展はまず人格の改良[33]と考え、この精神をさらに深めて論じたのが『農業本論』である。

第3節　『農業本論』出版時の日本の農学・農政学

『農業本論』が出版された一八九八年以前の明治期の主要な農政関係の著書といえば、フェスカ[34]、マイエット[35]、エッゲルト[36]等の外国人御雇の書物を除くと、横井時敬の『興農論策』[37]（一八九一年）ぐらいである。『農業本論』が出版された後、横井時敬は『農業経済学』（一九〇一年）、河上肇は『日本尊農論』（一九〇五年）、『日本農政学』（一九〇六年）を刊行しており、明治三十年代は日本の農業経済学、農政学が誕生した時期でもあった。この時期に登場した農政論は、江戸時代の農政論を踏まえながらも、西欧の経済学や社会科学を取り入れたという意味で近代科学的な政策論であった。

明治維新以後の日本の農業の進むべき道は、英米かドイツかで二つの大きな流れがあった。英米の農業は、大規模農業という点では共通であるが、英国型は既存の農民層を分解し、資本制大経営を目指したのに対し、米国型は開拓を重視し、大規模経営を志向するものであった。一方、ドイツ型は従来の農民層を分解せず、小農民を主とするものであったため、当時の日本に受け入れられやすい面もあった。明治政府は財政基盤が脆弱で地租に頼らざるを得ず、農村の分解を回避したいが故にドイツ型にシフトしていく。地主に保護を加え、徐々に工業化する道をとった日本は、経済学においても、イギリス流の自由主義経済学ではなく、ドイツ流の保護主義的経済学を導入していくことになり、農政学においてもドイツ的保護主義的傾向の強い政策学が支配するに至った。

明治大正期にわたり我が国農政界に巨歩を印した横井時敬[38]は、実学を重視し小農保護という観点をはっきりと打ち出した人物である。横井の言う「小農」とは、適正な規模を持つ自作農のことであり、具体的には「地主兼自作」であった。「大農」は営利的、資本主義的経営を行うのであるが、単位あたりの収穫は低く、小農は自己及び家族の労働を投下することにより勤労が直接収穫に反映される為、効率のよい耕作を行うことができるというのが横井の持論であった。米国が大農経営を営むのは土地が広く人口少なきが故であり、「我国の如き国土狭くして、開墾すべき余地甚だ多からざる處に於ては、出来る丈け集約なる経営によって生産する必要がある[39]」と説いている。横井は農本主義者と言われるが、それは次の文に明らかである。「農業は根本であり、商業は枝葉である。根本発育せざれば枝葉繁るべきでない。是れ東洋に於ける今昔よりの信念であった。独りそれのみではない。商業は都会に住居し、動もすれば勤労を厭ひて、奢侈を導き、社会人心を腐敗せしめ、国家の基礎を危殆ならしむるの患ありといふ。故に農を勧め、商を抑ゆる[40]」と述べ、農民が強健で愛国心に富むが故に兵となるに適し、国防や社会の安定という観点からもできる限り多くの農民を維持する小農保護政策を提唱した。

河上肇[41]は『日本尊農論』（一九〇五年）、『日本農政論』（一九〇六年）を著しているが、両著は大学を卒業してまもなくの二十五、二十六歳の時の著作であった。河上は後に『貧乏物語』（一九一七年）を刊行し、社会問題へと傾斜していくが、出発点は農政、農業分野であった。『日本尊農論』では「健全なる国民経済の発達は、農工商の三者をして能く其の鼎立の勢を保たしむるに在りとは、余輩の確信して疑わざる所なり[42]」とリストの農工商鼎立論を支持している。この時期の日本はロシアを破り空前の勢時に邁進し国威発揚していたが、それは工商偏重をあおり、農業を頽廃させる危険性を孕んでいた。河上はそういう時代の流れに抗して農業を軽視すべきでないという持論を展開したことになる。『日本農政学』では、農業の理想と現実が語られ、いかなる政策をとるべきかが論じられている。日本の農業が世界に後れを取らないためには、農業生産を極大化し、農業生産費を極小化する合理的農業を展開する必要があるとして、土地、資本、労働の三要素を以て日本農業を分析している。わが国の土地は開墾の余地が乏しく、資本の農業への投下は多くは望めず、農業労働者も不足するであろうと予測した[43]。それゆえ、農工商鼎立を保つためには農業保護政策を行う必要があったが、河上は、関税を高くして国内農業を守るのではなく、生産の合理化、農業保険制度、租税対策、農民団体の組織化等を通して小農保全論を展開した。河上の議論は、農本主義に通じる面を持っていたが、横井の説く小農保護論、つまり農業は道徳の基盤、強兵の基礎といった非経済的根拠からの小農保護論とは、明確にその思考を異にしていた。しかしながら、横井、河上は相互に異なる点を含みながらも、大勢としては急激に高まる「商工立論」の主張に対して抵抗する共同戦線を張っていたとも言える。

横井、河上との対比で、新渡戸の「貴農説」を俯瞰すると、その特質が明らかとなる。横井は実学的傾向が強く、農業が道徳の基盤・強兵の基礎という認識はあるものの農工商の精神世界の相互交流という視点は希薄であった。一方、河上も新渡戸の貴農説に対して、「農産物は日用の食料なるが故に貴重なりと云ふに過ぎざるが如し[44]」と疑問を呈しており、新渡戸が強調している精神的意義には思いが至っていない。それに対し『農業本論[45]』の世界は、農工商の精神世界の相互交流を重視し、農を行うことによる人間性の変革にまで視野を広げたものであった。そういう意味で『農業本論』は新たな学問領域を広げた先駆的著作であったと言える。

新渡戸の農業論の特質は次の四点に集約できる。

第一に、農業を軽視した国家は滅ぶという思想を持っていた点である。これは過去の歴史が証明していると新渡戸は言う。[46] 第二に、農工商の均衡的発展を望んでいた点である。第三に、農工商の物質的交流だけでなく、精神的交流という点にまで深めて理解した点である。第四に、農民の欠けた徳を指摘し、その精神構造を立て直そうとした点である。第一から第三は農業思想に関するものであるが、第四は農民の人間形成論に関するものである。本章では、『農業本論』の農業思想と人格形成論を分け、農業思想は第4節で、農民の人間形成論に関しては第5節で扱うものとする。

第4節　『農業本論』における農業思想

新渡戸は一八九一年に帰国後、札幌農学校教授になり、当時、存続が危ぶまれていた札幌農学校の立て直しに数年間尽力するのであるが、あまりの激務のために健康を害し、離職する。現職の時代から離職後にわたって断続的に書かれたのが『農業本論』である。新渡戸は札幌農学校教授として日本の農業をつぶさに観察し日本の産業の向かうべき方向を考えていたが、その農業思想の集大成とも言えるものが『農業本論』であった。

『農業本論』は、「一章　農の定義」から始まり、「二章　農学の範囲」、「三章　農業に於ける学理の応用」、「四章　農業の分類」などの学理的な問題を扱った章と、「五章　農業と国民の衛生」、「六章　農業と人口」、「七章　農業と風俗人情」、「八章　農民と政治思想」、「九章　農業と地文」、そして、「一〇章　農業の貴重なる所以」とから構成されている。

一章で新渡戸は農を定義するにあたり、テーヤの説を引用している。二章では、農の範囲を次頁の図で示し、壮大なスケールで農を捉えていたことがわかる。

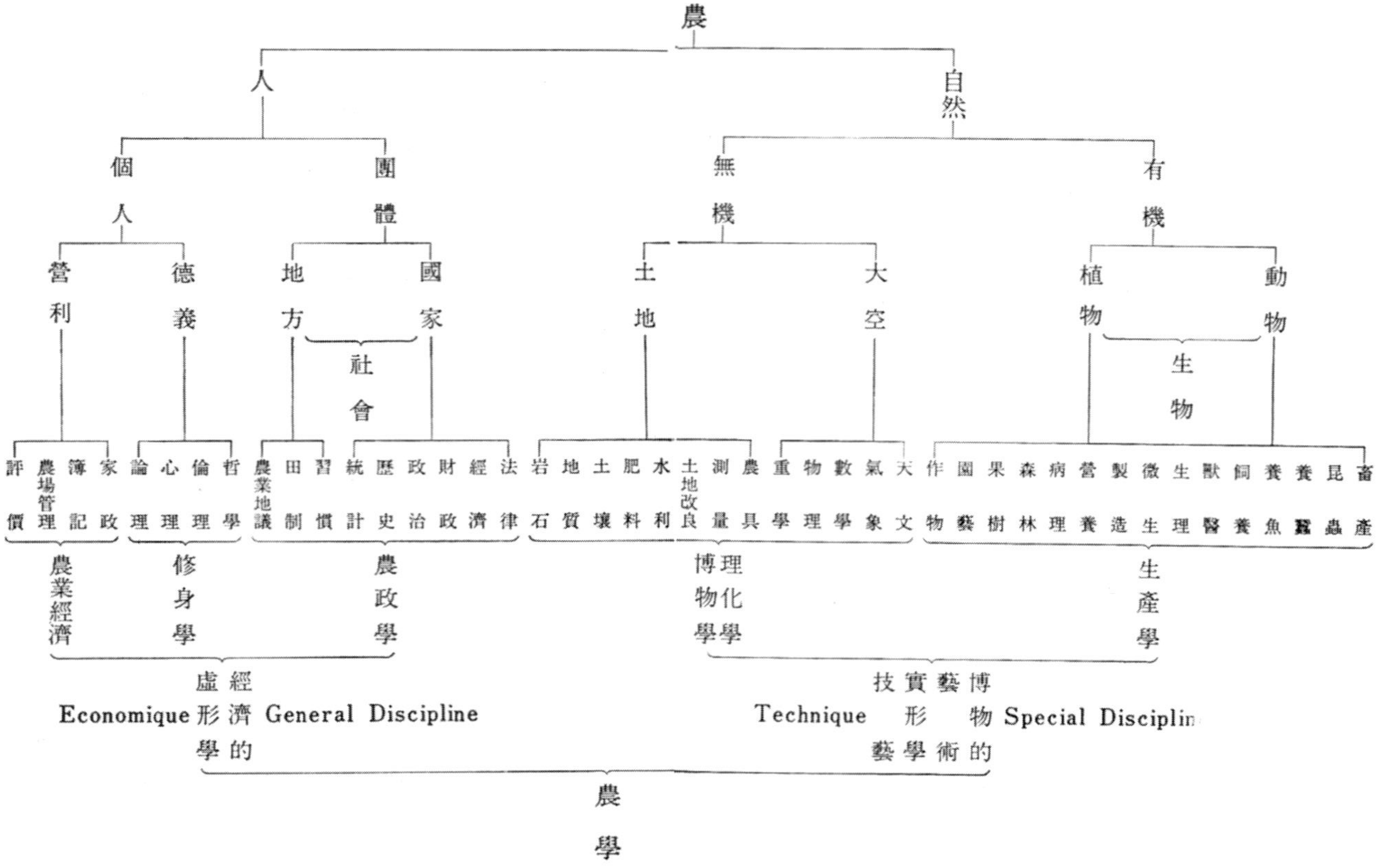

〈農の範囲〉（出典：『農業本論』80-81 頁）

農は、自然を相手に人が行うものであり、人と自然との協同作業であるという認識が新渡戸にはあった。自然は有機と無機に分かれ、有機は動物と植物、無機は大空と土地に分類される。作物が育つためには、土壌が肥沃であることも大切であるが、（大空の）気象条件により大きく左右される。他方、人の方であるが、農民を個人として考えた場合と、集合体として捉えた場合（いわゆる社会を形成する場合）とに分類される。個人としての農民は、単に営利だけが目的で農業を行っているわけではなく、そこには哲学・倫理を含む徳義が背後に存在する。新渡戸が人格改良をしようとしたのは、まさにこの点であり、修身学の重要性はその意味で重要である。

農は、人と自然との協同作業であるという自然を重視する定義の仕方は、工業や商業とは異なるものである。農業は種を植えれば、そのあとは自然界の中で芽を出し、実をつけるように、農業においては自然の果たすべき役割が非常に大きい。しかし、工業では、原料となるもの（例えば綿花）は自然界の産物であるが、それを加工していく過程では、人工的、機械的作業が中心となる。新渡戸が農業を他の産業に比して重要であると認識した背景には、自然界との協同作業という点にある。この自然との協同作業という認識のあり方は新渡戸の信仰とも関係していると思われる。クエーカーは、直接、神と交わることを重視している派である。自然の中に神を見出し、自然を通して神の働きを感じるという神秘主義的側面がある。人間が自然に働きかけることによって生活の糧を得るというのは、単に経済的行為にとどまらず、農業は、直接、人間が自然に働きかける崇高な働きであるという認識が新渡戸にはあった。

『農業本論』の序の扉に、新渡戸はホイッティアの英詩を掲載している。この詩は、新渡戸が『農業本論』を書く前の一八九二年に刊行された "The Works of John Greenleaf Whittier 7" の一節である。

Give fools their gold, and knaves their power!
Let fortune's bubbles rise and fall;
Who sows a field, or trains a flower,
Or plants a tree, is more than all.[47]

ホイッティア（一八〇七～一八九二）は米国のクエーカー派の詩人で、農業労働に重きを置く思想家であった。『武士道』の最後もホイッティアの詩で終わっており、新渡戸が大変私淑していた詩人であったことをうかがわせる。農業労働が全てにまさるという一節を引用しているところに、新渡戸の農業観を垣間見ることができる。以下、『農業本論』の中から四つの点に絞って論じることとする。

（1）貴農説[48]

新渡戸の「貴農説」は、ミュラーの影響を受けている。新渡戸は次のように言う。

「かの有名なる政治学者 Adam Müller の如きは、保守の最も保守なる者なりしが、その説に拠れば「農は国家の基本なり、政治の根源も茲に存す。農は職業と云はんよりも、寧ろ『政治的制度』(Politische Institution) なり。経済論の与かるところにあらず。政治の部門に属すべきものなりとし、以て強く農民の解放及び新式農業を駁せり。此の如きは、立論の基点一に唯保守的観念にありて、尚古の精神に出てたるに外ならず[49]」

新式農業とは、ミュラーの表現では「商業的農業」のことであり、新渡戸も「孤立的農業」に同意していたと思われる。新渡戸の「農業が貴重である」との考えは、『農業本論』の最後にある次の文にその真意が込められている。

「内に農の力を籍らずして外に商工によりてのみ勇飛せんとするは、恰も鳥が樹木岩石等の間に一定の巣を構ふることなくして、渺茫たる海洋をば唯其両翼によりて飛翔するが如きのみ[50]」

「農は万年を寿ぐ亀の如く、商工は千歳を祝ふ鶴に類す。即ち一は一定地にありて、堅く且つ永く守り、一は広く且つ高く翔つて、其勢力を示すものなり。故に此両者は相俟つて、始めて完全なる経済の発達を見るべく、而して後、理想的国家の隆盛を来すべきなり[51]」

新渡戸は商工業にシフトしつつあった当時の日本にあって、農の貴重なる所以を説いたが、それには、いくつかの理由があった。

第一に、「農を主として、工商を客として、三者の鼎立をはかる[52]」という点である。新渡戸は、農業、工業、商業はあくまでも調和を保つべきと考えており、江戸時代の荻生徂徠[53]らに見られた日本の伝統的農業重視の立場とは見解を異にしていた。新渡戸の貴農説は、農を主として、工商を客として、三者の鼎立をはかるというのが正確な表現である。三者の中でも特に農業の役割を強調し、「商工業の基礎は農産物を主とすることは忘るべからず[54]」と念を押している。新渡戸が農業のみを重視する農本主義の立場をとらなかったのは、商工の発展のスピードが農よりも早く、国家の繁栄には商工の伸長が是非とも必要だからである。国が農業だけを主軸にして産業展開すると、飢饉などの時に海外から食料を輸入しようとしてもその費用を捻出できず、夥しい死者を出すことにつながってしまう危険性がある。新渡戸はその例として「支那」「印度」「露西亜」をあげている[55]。

第二に、国家膨張[56]と秩序・進歩のバランスという視点である。新渡戸は、国家が膨張、拡大していくには、商工業の力を借りる必要があると考えていた。農は万年を寿ぐ亀の如く……とは、農業は堅固に地中に生息する動物の如く安定しているが、その能力は決して外へ出ていくものではないとの意である。商工は千歳を祝ふ鶴に類す……とは、商工業が、自国製品を国外に販売せんとして、海外への飛躍を目指し、外に出ていくことを意味している。当時、ヨーロッパ諸国はもちろん、米国も膨張を始めていた。日本がこれらの海外諸国と駢馳して進歩できぬようであれば、政府が率先して膨張路線をとることができるように導くべきであると新渡戸は踏み込んだ議論をしている。新渡戸の産業理解には国家膨張と共に秩序と進歩という観点もあった。新渡戸は、農業の使命を秩序に置き、商工業のそれを進歩に置いている。商工は動力であると考え、「農は重力にしてまた静力たり、一は遠心力にして一は求心力たり、二者相提携して始めて円満なる完璧を成すを得べし[57]」と理論的・哲学的に捉えている。

第三に、「市場」という観点である。農民は都市の人々の食料を産出するだけでなく、都市で作られた製品の消費者としても重要である。「農民は、生産者として貴きのみならず、他業の産物の消費者として最も好良なる華客なり。何れの国に於ても、最良の購買者は内国人なり。（中略）農民貧ならば、則ち商工共に苦しみて、甚だしきは遂に恐慌を来さん[58]」と市場という観点も重視していることがわかる。

第四に、穀を貴ぶの念である[59]。当時の日本では約五千万石の米を生産しており、そのうち三千万石が日本人の食料になっていた。（他の二千万石のうち、四百万石が酒造に回され、三百万石が菓子の原料であった）穀は永く人類の命脈となるがゆえに、農は貴重であると説いている。

最後に新渡戸が特に強調しているのが、農業の持つ精神的作用である。農業の持つ堅牢さ、地道さは人間性に与える影響が非常に大きい。また、「武士と農民とは剛毅木訥の親、身体労働の似且つ其技の巧緻を飾らざることなど、益両者間に親愛の情を惹起せしむ[60]」と精神的深みにおいて両者の間に共通性があることを指摘している。武士と農民は共に農村において尚武的社会を目指す点では同じであり、これに対するのが都市に住む商工で、彼等は殖産的社会を目指すと新渡戸は見ている。武士が消滅した明治時代、新渡戸が理想とした武士道を担う層は農民であり、商工ではなかった。新渡戸は尚武的社会の衰退が国家の精神的退廃を招くと認識しており、そういう意味でも未だ倫理観を確立していない農民の自立が急務であった。

他方、農村の尚武的社会と都市の殖産的社会は、相互に交流することによって一国全体としての繁栄をもたらすと考えていた。剛毅木訥なる農民は、都市の知識人層と交わることにより視野が広がり、大局的観点から自分の仕事を見ることができる。他方、都市住民も夏休みなどに農村に行き、農民と交流することにより、素朴さ、純朴さを回復することができる。新渡戸の農業、工業、商業の三足鼎立論は、市場形成のみならず、その精神面においても一国全体を俯瞰していたと言える。農工商の均衡は、物質的利益のみが優先されるならば実現不可能であり、精神的なものをも視野に入れてはじめて可能となる。目に見える産業理解としての鼎立論だけでなく、精神的世界を含めた鼎立論であったという点は、新たな学問領域を切り開くものであった。

新渡戸は、社会の変革に関して、フランス革命のように急激な変化ではなく、イギリス流の漸進的進歩主義史観を支持していた。この点、農民の保守的な観念が時として急進化する都会の社会運動を緩和する作用があるとして、社会の安定という点から高く評価している。[61] イギリスでは商工業が盛んであるにもかかわらず、フランス革命のような急激な変化を見なかったのは、農業の観念が国民全体に充満し、土地所有者が保守的精神に富んでいたからであると新渡戸は見ていた。資本家と地主は、「共に相寄り相助けて、以て国家を維持する原動力をなし、一つは軽進し他は保守し、甲は新思想を輸入し、乙は旧来の観念を持続し、以て政治の権衡を保つ[62]」と農業は急激なる政治思想を調和する効あるものと考えていた。

(2) 疎居と密居[63]

農民は孤立して生活していくのではなく、人間同士の接触や社交が大切であると強調した点も新渡戸の農業思想の特質を見る上で欠かせない点である。農民が作り上げる農村社会は、相互に協力し、刺激し合って成長していくものである。新渡戸は人間同士の接触とか社交というものが、人間社会にとっては非常に大切な働きをもたらすと考えていた。こうした社交主義の具体化として密居制がある。一般に農村を形成するには、疎居と密居という二通りの方法があるが、疎居は、各自の畑の中に家があり、集落を形成しないで人が住む方法であり、密居は家々を一箇所に集めて集落を形成する方法である。新渡戸は疎居と密居の双方に利点を認めつつ、密居の側に立っている。機械を共同利用する時代には密居は不可欠であり、疎居では農村の将来に展望が持てないと考えていた。これは、生活面、実用面だけでなく、新渡戸の社交主義（sociality）の精神にも繋がるものでもあった。[64] 新渡戸は、人は生きていく上で神との垂直な関係（vertical relationship）と同時に人間同士の水平的関係（horizontal relationship）が重要であると考えており、これからの新しい時代は、社交性を以て人と接することが望ましいと見ていた。兎角、孤立しがちで、農作業にのみに従事している農民には社交性が是非とも必要で、社交主義は新渡戸の思想の根幹とも言えるものであった。

（３）予測的洞察という観点からの『農業本論』

新渡戸は『農業本論』を将来への警鐘という視点から論じている。

第一に、将来の人口予測である。当時（一八九八年）の世界の人口は一五億人であり、年率〇・八％の比率で人口が増加していくと、二〇〇年以内に六〇億人になると新渡戸は予測していた。[65] しかし、それから一二〇年後の現在（二〇一八年）、既に七四億人を突破しているのであるから、新渡戸の予想をはるかに越えて人口増加は進んでいることになる。新渡戸は、ある程度、人類の叡智で食料危機は乗り越えることができると、やや楽観的な見方をしている。それは農業の機械化、肥料の改良などによってであるが、地力の消耗に関しては五〇〇年後には顕在化するかもしれないと述べている。新渡戸は将来のことを考えて、地力を保ちながら農業をすることが人間に課せられた義務だと考えていた。『農業本論』の四章及び九章[66]は、略奪農業、環境問題にも言及しており、自然環境を含めた農業という幅広い視点から見ていたことがわかる。

第二に、農の衰退は社会を病むという点である。最終章（第一〇章）の結論として、新渡戸は、「農の衰退は、如何に社会を病ましむるか」ということを問題にしている。『農業本論』と同じ年に刊行された本に『農業発達史』がある。この書のモチーフは、農を軽視する文明は滅ぶというものであり、古代エジプト、古代ギリシャ、ローマがいかに農業を軽視して滅亡していったかが論じられている。ローマでは土地の兼併が小市民をして遊惰の民として放蕩に陥らせ、モラルが崩壊したことがローマ帝国の崩壊につながったと見ている。[67]『農業発達史』は、農業開発以前の生産の状態、農業の起源についても言及しており、狩猟、牧畜と比べ、いかに農業が生活を安定させるものであるか、理論的に農業の重要性を論じている。

(4) 地方学《じかたがく》の尊重

地方学（Ruriology）は、その地域に関する諸事実に基づき、特定の村落の景観、伝承、農業経営などを微視的に研究するものであるが、新渡戸は早くからこのことに着目していた。農業本論第2章に「抑も農家なるものは、社会より隔離孤立して業を営む等、種々の点に於て、都会の住民と異なるものなり。（中略）吾農民の住屋は、九州より東北地方に至るまで、同一の模型に拠るを以て、家屋研究には価値少きが如しと雖、猶ほ精査を経んには、許多の興味ある事実を発見するを得べき[68]」と述べている。明治以降、人口が農村から都市へと流れ、農村が過疎化し、農村の荒廃は惨憺たる状況をもたらした。農村には、その地方独自の考え方、産業振興の方法があるのであり、全国一律に一つの規格をあてはめるのは間違いである。都市と農村とのバランスを考え、農村の研究をもっと幅広く行う必要があると新渡戸は考えていた。単なる普遍性を追求するのではなく、個別の問題、現実のあり方に関心を持っていた点が地方学に向かわせたと言える。

都市と農村とのバランスを考え、農村の研究をもっと幅広く行わずして地方の発展は望めないという新渡戸の精神を継承したのが、柳田國男(69)である。柳田は「学問が実用の僕となることを恥としない」という考えを持っており、現実社会の改良に資することを民俗学の目的とした。地方の衰退を食い止めるための学問という新渡戸の地方学の理想は柳田に引き継がれたのであった(70)。

第5節　『農業本論』における農民倫理の希求

新渡戸は『農業本論』を出版した二年後に有名な『武士道』を米国で発表している。

武士道は日本人の道徳観の根底にあり、日本人の思想形成に大きな影響を与えたものであると新渡戸は見ていた。武士道の徳目の最高位に忠を置き、忠を支えるものとして、義と礼があり、義を支えるものとして、仁、勇、智の三本の鼎足があるとした。そして、礼を支えるものとして仁と誠を置いた。新渡戸の武士道の徳目の配置は、まず底辺に、仁、勇、智、誠があり、その上に義と礼、そして最上層に忠の徳があるという、いわば三層構造になっていた。(71) 武士は上から命令されて規律を維持するのでなく、もっと自発的に組織された集団であったと新渡戸は捉えていた。つまり、他律的、外形的な主従関係ではなく、自立的な「人格的忠誠」によって封建時代の基礎は築かれていたと考えたのである。新渡戸は武士道を高く評価しており、自己の理想に添った生き方を武士の中に見出し、武士道にキリスト教精神に近いものを感じていた。それに対し、日本の商人と農民は「武士道」の精神から大きく乖離した生活をしており、早急に人格の形成が急がれる存在として新渡戸の目に映ったのであった。

商人について述べたものとして「武士道と商人道(72)」がある。商人として最も大切なことは、義を重んじ、信用を得ることである。清の商人にはそれが見受けられるが、日本の商人には希薄であると厳しく批判している。「武士道」「商人道」を考えていた新渡戸は、農民のあるべき姿をどう捉えていたのであろうか。

『農業本論』第七章に於て、古来から農民が持つと言われている徳目を九つ（自主、自由、愛国、着実、深慮、自重、教育、美術心、宗教心、正義）列挙している。しかし、当時の農民はそれらの徳を持つどころか、正反対の状況であると罵倒している。この激しい叱責は、農民に対する期待感の裏返しと取るべきであろうが、それでは、新渡戸は農民倫理をいかに確立しようとしたのであろうか。

農民の徳目として、まずあげられるのは、「勤勉」[73]である。農業は自然に働きかけて作物を収穫するのであるから、絶えず一定不変の労働の投下が求められる。この点、牧畜社会と比べると、労働集約的な農業の方がはるかに稠密な目配りが要求される。「土地は、耕耨《こうどう》（雑草をとる）に応じて報いるに収穫の多寡を以てす」[74]とソクラテスは述べているが、この言葉は勤勉を勧めたものに他ならない。また、この勤勉性は、作物の収穫だけにとどまらず、人間性の涵養、養成にもつながり、家庭の形成、社会の維持と、重要な働きを為している。つまり、人間が生存していく生活のベースを農業は提供しているのである。しかしながら、自然界に働きかけて収穫を得る農民には、収穫を期待できない農閑期が存在する。英米の農家では、冬間の農閑期を利用して教育に勉めるが故に、農民が文士となり、農の美を頌すということも可能であるが、一年の半ばが農閑期である北海道においては、賭博が盛んに行われるのは冬間であるというのが実態であった。それゆえ、農閑期には人間性を高めることに努めるという姿勢が必要となる。大地の中で働く農民はどうしても視野が狭くなりがちであるが、教養を身につけることにより、幅広い視点から自分を見つめることが可能となると新渡戸は見ていた。

次に「進取の気象」[75]であるが、この徳目も日本の農民には大きく欠けているものであった。命じられたことをただ単に行うという消極的姿勢では社会は進歩しない。本来の理想的農民は、一歩一歩、前進して生活を豊かにしていく努力をするものであるが、日本の農民は、着実と固陋とを混同し、没理想、没思慮で安閑と日々を送っていると新渡戸は見ていた。但し、この点は、農業にまつわる特殊性も考慮する必要がある。農業においては品種改良の結果がわかるのは一年後であり、数年繰り返さないと、定着した見解が得られない。農民たちは、いくらこれはいい品種だと勧められても、リスクを冒してまでそちらの品種に移行したがらない傾向にある。進歩という概念から遠ざかり、今までの生活にしがみついている限り、主体的、能動的な働きができない。自発的に品種改良を行い、新田開発を行っていく農民になるには、進取の気象が不可欠である。この徳を持つことが、ひいては社会の進歩、国民経済の発展につながるという認識が新渡戸にはあった。

そして、主体性を持った個人同士が連帯して歩むという「自由」の精神がそれにつけ加わることで社会は大きく変化していくことになる。新渡戸は、日本の農民の持っている自由とは、いわば、禽獣の自由であり、本来の自由ではないと叱責している。寝たい時に寝て、働きたい時に働くという自由とは孤立を意味する。孤立をもって自由と言えば、真の自由を理解したことにはならない。人間は社交的のものなれば、扶翼輔佐して世に処すべきであるというのが新渡戸の持論であった。そもそも、新渡戸は自由をどのように捉えていたのであろうか。

新渡戸は、論語にある「己の欲するところに従へども矩を越えず」の一句こそ自由の定義であると考えていた。然らば、矩とは何か。これは、外部と内部の二つに分けられる。[76]外部とは法律、風俗習慣である。法律違反をすると罰が課され、風俗習慣を破ると周囲から排斥される。それでは、法律と風俗習慣さえ守っていれば自由であるかというと否である。なぜなら法律、風俗に自分が納得できないところがあるにも拘わらずそれに服従していると、内部の自由が圧迫されるからである。例えば、キリスト教禁教令が施行されていた江戸時代に信仰を抱いた者は心の平安を得ることができたであろうか。魂は身体より遥かに大なるものであると新渡戸は言う。「人には老若貴賤の区別なく神の如き何かが各自に宿っていることは、僕の堅く信ずる所であって、また何人も信じなくとも否定の出来ぬことであろう。そこでこの何ものかがあるいは勧めあるいは命じあるいは禁ずるものを僕は内部の矩といいたい(77)」

自由は、道徳的義務に基づく自己規律によってはじめて確保されるものであり、そのことによって単なる放縦から区別される。クエーカーであった新渡戸は、聖書(78)に出てくる自由という言葉を思い浮かべたことであろう。社会を構成する個々人の道徳的抑制の力が大きければ大きいほど、人間と社会が享受できる自由の範囲はむしろ拡大する。興味深い議論として、新渡戸は、社会は「豆」の集合体ではなく「納豆」のように繋がっているものと考えたことである(79)。この表現に新渡戸のいう「社交性」の一端を垣間見ることができる。

「勤勉」「進取の気象」「自由」を支えているもの、つまり、武士道の「仁」「誠」に相当するものとして、『農業本論』から次のことが汲みとれる。まず、「仁」に相当するものであるが、旧約聖書の「落ち穂拾い」に見られるように、貧しき民の存在に対して、ある一定期間、拾う権利が許された場合があったことである。清国においても、期日を区切って、他の畑のものを取ることを認める習慣があった。このことは野暴《のあら》しという観点からも論ずることができる。野暴しとは、貧しきが故に、他者の作物を盗掠することである。家畜、作物を盗む者を厳罰に処したのが、ローマ法であり、黙認したのが、インドのマヌ法典、ユダヤ教である。右記の落ち穂拾いは、公に認められた習慣の一例と考えられる。[80]古代においては、農業生産物が主要な財産であったが、夫の戦死などで寡婦となった者をいかに共同体が支えていくか、そこに「仁」の思想が見受けられる。

他方、土地の境界の争いは、古今を問わず、東西を問わず、必ず生ずる所であるが、これは隣人との信義の問題、つまり「誠」と関係すると考えられる。境界間の争いは、昔時には、宗教にて解決した場合があり、旧約聖書の「申命記」には、「その隣の地界を侵す者は呪わるべし」と記されている。古代ローマにおいては、テルミヌスという境界を守護する神が存在し、テルミヌス神を境界に置くことで争いを回避した例がある。その位置を動かした一家は滅亡すると考えられていたことから、人々は境界線を守ったのである。[81]土地の境界に関して厳格なルールが設けられていた点は、武士道でいう「誠」に相当する部分と思われる。

主体的自我を形成する「勤勉」、「進取の気象」、「自由」の徳を中心に据え、それを支えるものとして「仁」、「誠」を置いていたのではないかと想定されるが、最上位にくる徳としては、「宗教[82]」を考えていたのではないだろうか。『農業本論』七章には、「農民が一たび屋舎を出て交わるところのものは悉く天地の作用であり、そこで天を畏れる念が生じ、崇敬の念を起こさしめる」という表現があり、「農より起る利潤は、人より之を受けたるものにあらずして、元是れ天の賜」であるとも述べている。新渡戸は、農業労働を何にもまさって貴重なものと考えていた。物質的には日用の糧を生みだし、精神的には霊魂を満たす糧が与えられるからである。この両者を一体化した人を新渡戸は「百姓聖人」と呼んでおり、歴山に耕せる帝舜其人（舜は古代中国の五帝の一人に数えられる名君で、歴山〈山東省にある山〉で田畑を耕していた）と、ナザレ人と呼ばれたキリストの二人がそれに相当するとしている。新渡戸にとって、自己の人間形成に大きく寄与したのはキリストであるが、中国の古代思想においても人間形成は可能であるとの見方をとっている。ここに、キリスト教のみにとどまらず、他の宗教、思想においても開かれた新渡戸の天の理解がある。『農業本論』は、新渡戸の人生観、世界観がその中に見受けられる書物である。神の声に耳を傾け、大地（自然）を耕すこと、そのこと自体が新渡戸にとっては宗教性を帯びた行為であったが、それはキリスト教のみならず、古代中国思想においても（そしてその延長線上には日本の思想も）到達できるとしたのである。ここに天という語を使って倫理形成を図ろうとする新渡戸の配慮の跡がうかがえる。

結び

『武士道』との対比で『農業本論』の中から農民倫理のあり方を見てきたが、『修養』において、それがさらに一般的広がりをもった人間形成論となっていく。新渡戸は『修養』において、天地の霊と交わる「黙思」を勧めている。(84)

「人生は、社会のホリゾンタル（水平線）的関係のみにて活るものでないことを考へたい。（中略）人は人間と人間のみならず、人間以上のものと関係がある。――ヴァーティカル――垂直線的に関係のあることを自覚したい。我々はただに横の空気を呼吸するのみで、活るものでなく、縦の空気をも吸ふものであることを知って貫いたいのである」

新渡戸は、この縦の関係を結び得た人にして初めて根本的に自己の方針を定めることができるとしている。そのためには一日五分でも一〇分でもよいから、天との交流をする黙思を勧めた。横（社交性）の重要性を説いた新渡戸であったが、その前に縦の関係の確立を図ることを優先したのである。自己の評価は人より求めずとも、天より得れば足るという覚悟を持つことで、何者にも左右されない泰然自若とした生き方ができるとした。

『農業本論』は多くの識者により「中間的」「常識的ではあるが中途半端」「農村社会に与えた影響は必ずしも大きくない」という評価を受けてきた。しかし、農業の持つ精神世界への学的領域の広がり及びその農業を担う農民の倫理性に着目した書と捉えるのであれば、現代にまで通じる課題を有していると考えられる。『農業本論』のエッセンスは「農民の全人的把握と貴農説」にあると述べた崎浦誠治[85]のような見解もある（一九七六年）。しかし、大多数の識者は『農業本論』を新渡戸の農業思想の表れと受け止め、貴農説、地方学の展開の方に力点を置き、農民の倫理形成の問題は副次的に扱ってきた。しかし、この見解に新たな視点を与えたのが、住谷一彦氏である。住谷氏は「新渡戸農政学の全構想の最後の一巻は『武士道』で締めくくられるという特徴を持っている。（中略）ヴェーバー風にいえばエートス論であり、新渡戸風にいえば武士道と呼ばれるような、個人の自律を涵養するような品性をいかに陶治するかという問題が、実は日本農政学の根本的な問題である[86]」と述べている。住谷氏は『日本土地制度論』『農業発達史』『農業本論』の最後の締めくくりが『武士道』であるという見方をしている。これら農業関連の三冊の本と『武士道』とは、「農業」と「思想」というジャンルが異なる書物として今まで扱われてきた傾向にあるが、住谷氏はエートス論としては繋がるという見解を示した。

本稿では『武士道』との対比で『農業本論』の農民倫理のあり方を考察してきたが、私は住谷氏の説をさらに延長して、『修養』（一九一一年刊）、『世渡りの道』（一九一二年刊）、『自警』（一九一六年刊）等の一連の修養論の前史として『農業本論』が位置づけられるのではないかと考える。明治初期に武士階級が消滅し、日本人の倫理をいかにして建て直すかの一つの試みとして、農民の自立の問題を農業の特質に添って説いたのが『農業本論』であると見るのである。江戸時代の道徳規範であった「武士道」

が、武士なきあと「平民道」となって大衆へと広がっていくと新渡戸は考えたが、「農工商」の中でも特に「農」に期待するところ大であった。『農業本論』の出版は『武士道』より二年早いが、『武士道』の構想は十数年に及ぶことから、新渡戸の脳裏には、「武士道」の精神の継承と農民倫理が重なって思考されていた可能性は高い。「平民道」の内容を新渡戸流に解釈したのが『農業本論』であり、それは『武士道』『修養』へと続く一連の人間形成論の端緒であったと捉えられるのではないだろうか。

新渡戸が『農業本論』で言いたかったことは、自立した人間こそが社会を発展させることができるということであった。それは西洋流のキリスト教だけでなく、日本の伝統思想においても可能であると新渡戸は捉えていた。封建時代において、農民はその倫理観を確立できずにいたが、自らの土地を持つことができるようになっても奢侈に耽り、土地を失う等の倫理観のなさに新渡戸は叱責を加え、明確な指針を与えようとした。あるべき農民の姿、これを「農民道」と呼ぶことが許されるのであれば、それは『農業本論』の中に確かに示されていると思われる。どういうステップを踏めば近代的な人間に成り変わるのか、それを示した書として、人間形成論の端緒という視点からも『農業本論』が位置づけられる。

註

（1）コンラート（Conrad, Johannes 一八三九〜一九一五）一八七二年から一八九一年までハレ大学教授。新渡戸は一八八九年四月からハレ大学でコンラートの下で農業経済学と統計学を学んでいる。

（2）ドイツ語原文は『全集　第二巻』七二六―八二四頁所収。
日本語訳は『全集　第二一巻』滝川義郎訳、五一―一五〇頁所収。

（3）「国民新聞」一八九八年九月十八日付。

（4）横井時敬「農業と農学」『横井博士全集　第三巻』大日本農會編纂、一九二四年、四一七頁。（初出一九一七年）

（5）河上肇『日本尊農論』『明治大正農政経済名著集第三巻』農山漁村文化協会、一九七七年、二四六頁。（初出一九〇五年）

（6）東畑精一「新渡戸稲造」『経済学大辞典Ⅲ』東洋経済新報社、一九五五年、三一一頁。

（7）蓮見音彦「新渡戸博士の農業論」『新渡戸稲造研究』春秋社、一九六九年、三〇三―三二五頁。
蓮見は『農業本論』を農業経済学として見るには、その中に異質なもの（人類学的、哲学的、社会学的、心理学的、宗教的等）を多く含んでおり、そのことも総花的となっている原因としている。

（8）原洋之介『「農」をどう捉えるか』書籍工房早山、二〇〇六年、六六―六七頁。

（9）新渡戸稲造「札幌農学校」『全集　第二一巻』三六七頁。（初出一八九三年）

（10）テーヤ（Thaer, Albrecht 一七五二～一八二九）ドイツのツェレで生まれ、ゲッティンゲン大学で医学を学ぶ。宮廷医となり医師として最高の地位に昇進したが、患者を診ることに精神的疲労を感じ、心の癒しに園芸を始め、本格的に農業の道に進んだ。

（11）ハウスホーファー（Haushofer）、三好正喜・祖田修訳『近代ドイツ農業史』未来社、一九七三年、二一七頁。

(12) ラウ（Rau, Karl Heinrich　一七九二〜一八七〇）ドイツ古典派の代表者で、官房学からスタートし、スミスの体系を大筋においてドイツに移入した。
(13) 柏祐賢『農学の定礎者・テーヤの生涯』富民協会、一九七五年、一六九頁。
(14) ミュラー（Müller, Adam Heinrich　一七七九〜一八二九）ドイツ・ロマン主義の経済思想家。フランス革命を「現存世代」による「不在世代」の侵害として非難し、過去、未来の「不在世代」を含めて歴史を捉えることの重要性を強調した。
(15) 田村信一・原田哲史『ドイツ経済思想史』八千代出版、二〇〇九年、四八―四九頁。
(16) Adam Müller　Die Elemente der Staatskunst, Leipzig, Ulmer, 1931, p. 84.
(17) 原田哲史『アダム・ミュラー研究』ミネルヴァ書房、二〇〇二年、九九頁。
(18) 同右、八七―一三一頁、一五三―一七七頁。
(19) リスト（List, Friedrich　一七八九〜一八四六）古典学派の理論と自由貿易論を批判し、国民国家的視点から経済発展を論じた。テュービンゲン大学教授を務めた。
(20) 小林昇『リスト　経済学の国民的体系』岩波書店、一九七〇年、二四〇頁。
(21) 小林昇　前掲書、二五八頁。
(22) シュモラー（Schmoller, Gustav von　一八三八〜一九一七）ハレ、シュトラスブルク、ベルリンで教授を歴任。新渡戸は一八八八年十月から半年間、ベルリン大学でシュモラーから農業史を学んでいる。
(23)「学徒の模範」『偉人群像』『全集　第五巻』五三六―五四二頁。（初出一九三一年）
　新渡戸は、以下のようにシュモラーのことを回顧している。

今日より五十年ばかり前、ドイツで起こった、歴史派なるものは、丁度我輩の学生時代には、経済学研究の最新の方法として尊重された。（中略）
ベルリン大学に於けるシモレル（シュモラーのこと　筆者注）氏の講義は名文でもあり、南ドイツの訛はあつたにしても、その音声も朗かであり、それに講演中愛嬌たつぷりで、先生がにつこりする時などは、学生は知らずに拍手する有様であつた。それにベルリンの大学のこととて、聴衆の数も毎回数百にわたつた。同先生のごときは、経済学発展の歴史にその名を永久に留めたものである（中略）
親しくシモレル氏の書斎に先生を訪ねたことも五、六回あった。食事に招かれたことも三、四回はあった。その度毎に先生の為人の純なるところと、謙遜なる態度と、学問に忠実なる精神に触れることが出来て、今に同先生を思ふ時、心の底に感謝と敬虔の念を覚える。いつ行っても莞爾として学生を迎へ、質問があれば最も親切にこれを捉へ指導してくれた。

(24) 田村信一「シュモラー」『経済思想史辞典』経済学史学会編、丸善、一九三頁。
(25) 新渡戸は一八九〇年六月中旬、プロイセン東部を旅行し植民事業を見学している。佐藤全弘・藤井茂『新渡戸稲造事典』教文館、二〇一三年、四〇四頁。
(26) 『日本土地制度論』五六頁。
(27) 同右、一三八頁。
(28) 『日本土地制度論』五六頁。
(29) 「日本の農民解放」『全集　第二一巻』四五九頁。（初出一八九一年）
(30) 『日本土地制度論』九七―一〇〇頁。

(31) 明治政府は一八六九年に開拓使を置き、蝦夷を北海道と改称し、本格的な開拓に乗り出した。新渡戸はそれ以前の日本の領土を旧日本と呼んでいる。
(32)『日本土地制度論』一四九—一五〇頁。
(33) 新渡戸は『農業本論』第七章の結論のところで、'Ländlich, sittlich!' というドイツの諺を紹介しており、「田舎風こそ徳義風」と訳している。sittlich が徳を伴うという思想は、新渡戸が『武士道』で述べた徳を連想させ、新渡戸の精神世界の一端がうかがわれる。
(34) フェスカ (Fesca, Max 一八四六～一九一七) テーヤの合理主義的農業の影響を受けたドイツの農芸化学者。一八八二～九四年滞日。一時期、駒場農学校の教師を務める。一八九四年に日本各地の土性に応じた農業書『日本地産論』を刊行。(服部之総・小西四郎監修『明治農業論集』創元社、一九五五年)
(35) マイエット (Mayet, Paul 一八四六～一九二〇) ドイツの政治経済学者。一八七五～九三年滞日。『日本農民ノ疲弊及其救治策』(一八九三年)(同右書に所収)
(36) エッゲルト (Eggert, Udo 一八四八～九三) ドイツの経済学者。一八八七～九三年滞日。『日本振興策』(一八九〇年)(同右書に所収)
(37)『興農論策』一八九一年刊行。四〇頁ほどの書で、興農手段 (農政は放任せず、干渉せずが横井の主張する二つの手段—筆者注)、農学校、農事試験場、農会の四つの点から興農論を展開した。(『横井博士全集第三巻』六六三—七〇三頁所収)
(38) 横井時敬 (一八六〇～一九二七) 熊本洋学校卒業後、一八八〇年に東京駒場農学校卒業。一八九四年東京帝大農科大学教授となり、一九二二年まで農学、農政学を講ずる。全国を遊説し、直接、農民に農業の振興を説いた。私立の東京農業大学学長も務めた。

(39) 横井時敬「農業の大小と国家との関係」『国家と農業』『横井博士全集　第八巻』大日本農會編纂、一九二四年、二三九―二四〇頁。(初出一九〇六年)

(40) 横井時敬「農業立國の根本義」『国家と農業』『横井博士全集　第八巻』二三二頁。

(41) 河上肇(一八七九~一九四八)一九〇二年、東京帝大法科大学政治学科を卒業後、東京帝大農科大学講師となり、農政・農学を研究した。一九〇八年、京都帝大講師として赴任し、以後、次第にマルクス経済学に傾斜していくことになる。

(42) 河上肇「日本尊農論」『明治大正農政経済名著集第三巻』四一頁。

(43) 河上肇『日本農政学』同文館、一九〇六年、一七六―一九六頁。

(44) 同右、一二一頁。

(45) 『農業本論』は、札幌農学校の学内誌『恵林』に投稿したものに、離職後、健康状態悪化のため、口述筆記により追加補正し、まとめられたものである。例えば、『恵林』第一四号(一八九五・二・一〇発行)に投稿された「農業ヲ貴重スル説」は、『農業本論』では第一〇章に相当する。次に投稿された「農業ノ政治ニ及ボス影響」『恵林』第一六号(一八九五・六・五発行)は、第八章に相当する。以下、第1章から第3章も順次投稿されており、在職中に半分以上の構想はできあがっていたものと思われる。

(46) 『農業発達史』五九四―六八七頁。

(47) 日本語訳
愚か者には富を、ならず者には権力を与えよ。
運命の泡は、浮いたり沈んだりするにまかせよ。
畑に種をまき、花のかたちを整え、
木を植える者はだれも、すべてにまさるのだ。

(48) 貴農説を唱える理由として、主観的貴農説と客観的貴農説がある。前者は、抽象的・感情的・観念的に農を尊重するというものであり、後者は具体的に社会に及ぼす影響を考え、統計其他諸種の事実を集め、経済の原則に照らして、農業と農民を尊ぶものである。新渡戸の立場は後者である。『全集　第二巻』四八一頁参照。

(49) 『農業本論』四八八頁。

(50) 同右、五三九頁。

(51) 同右、五四〇頁。

(52) 同右、五三七―五三八頁。

(53) 荻生徂徠（一六六六〜一七二八）に関しては、「都鄙の境無き時は、農民次第に商売に変じゆき、国貧しくなるものなり。農民変じて商人となることは、国政の上には古より大に嫌うことなり」という文章を引用している（『農業本論』五三二頁）。新渡戸は『農業本論』第一〇章において重農主義の考え方に部分的には賛意を表しながらも重農主義は行き過ぎであり、工商とのバランスを保つことの必要性を説いている。

(54) 『農業本論』五一五頁。

(55)同右、三〇三頁。

(56)同右、四一〇—四一一頁。

新渡戸は膨張説を論じる際、帝国主義という語も併用している。しかし、ここでの新渡戸のいう帝国主義とは二十世紀に入ってから本格化する帝国主義とは異なるもので、膨張説、拡大説という語を使用した方が新渡戸の真意に近いと思われる。

(57)同右、四一二頁。

(58)同右、五二五頁。

(59)同右、四九一—四九四頁。

(60)『農業本論』二八四頁。

(61)同右、三九三頁。

(62)同右、三九四頁。

(63)同右、二四八—二五二頁。

(64)新渡戸の社交主義は、その思想の核心をなすものであった。一九〇六年、一高就任演説で新渡戸は、clear head、clear heart、sociality の三つの標語を掲げた。籠城主義に傾いていた当時の一高生に sociality（社交主義）を強調したことは新たな人間変革を迫るものであった。新渡戸の代表的著作である『修養』『世渡りの道』にも社交主義が説かれている。

(65)『農業本論』五〇三頁。

(66)『農業本論』第九章は「農業と地文」について説いている。地文とは現代の自然地理学に相当するもので、農業の盛衰が気象、地質に及ぼす影響を指摘している。例えば、伐木が砂漠化を招き、灌漑が温度を調節する等、人間の農業労働が気象条件にまで影響を与えてしまうというものである。環境に応じて作物を植えるという受動的な観点で農業を捉えるのではなく、創意工夫を以て能動的に人間が自然界に働きかけるべきであると新渡戸は考えていた。地球上の土地は肥料を加えて土壌を維持すると、長期間耕作可能であるが、そういう努力を怠ると自然破壊につながる危険性がある。殺土農（land killer）という激しい語を第九章では用いており、人間の主体性と責任という視点から農業を論じている。第九章は新渡戸の視野の広さがうかがわれる章であるが、他の章と比べると異質な感じを受けるため、今までの新渡戸研究では軽視される傾向にあった。

(67)「農業発達史」『全集　第二巻』六八七頁。

(68)『農業本論』九六―九七頁。

(69) 柳田國男（一八七五〜一九六二）は、一九〇〇年に東京帝国大学法学部を卒業しているが、学生時代に新渡戸との接点はない。新渡戸の地方学の講演を聞いたのは一九〇七年で、一九一〇年から新渡戸家で定期的に持たれていた郷土会のメンバーになり、急速に新渡戸に接近していった。郷土会は、新渡戸が国際連盟事務局次長として赴任する時（一九一九年）まで続けられた。

(70) 佐谷眞木人『民俗学・台湾・国際連盟（柳田國男と新渡戸稲造）』講談社、二〇一五年、七一頁。

(71) 三層構造を図で示したのは、山本博文氏である。山本博文『武士道』ＮＨＫ出版、二〇一二年、三九頁。

(72)「武士道と商人道」『内観外望』『全集　第六巻』三二四―三三六頁。（初出一九三三年）

(73) 勤勉に関しては、『農業本論』第七章「農業と風俗人情」に詳しい（三六七―三六八頁）。この章は理想的な農民像と実際の農民像の乖離を問題にしており、新渡戸の農民に対する厳しい叱責の文章が続き、新渡戸研究者を驚かせた。海妻矩彦「今も生きている『農業本論』」『新渡戸稲造研究』第七号、新渡戸基金、一九九八年。

(74)『農業本論』三二〇頁。

(75)進取の気象は、『農業本論』第八章の主要テーマであり、四〇九頁に記されている。また、第3章では「農学に於ける学理の応用」について言及されており、その第二項に農学がいかに実地に応用されるのが難しいかを一九の観点から論じている。その筆頭に「農民は頑冥固陋にして新案を喜ばず」と記している。一三番目に「学者と実用家とに懸隔ある事」をあげている。学者は農民が持っている古き慣習を重んじ、農民も学者の説を信じなければ両者はいつまでも接点を持つことができず、農民は時流に乗り遅れることになる。この一九の観点は、農学の立場に立つ新渡戸が、農民の側にも立って物を考えているという点で興味深い。第七章の前提の章として、第3章の学理的分析がある。

(76)新渡戸稲造「自由の真髄」鈴木範久編『新渡戸稲造論集』所収、二〇〇七年、岩波文庫、二〇六頁。

(77)同右、二〇九頁。

(78)ガラテヤ人への手紙五章一三節には「あなたがたは自由を得るために召しだされたのです。ただ、この自由を、内に罪を犯させる機会とせずに、愛によってお互いに仕えなさい」(共同訳聖書による)その他、旧約聖書、新約聖書には三〇箇所、「自由」という語が出てくる。

(79)「新自由主義」『内観外望』『全集　第六巻』二〇九頁。(初出一九三三年)

(80)「野暴しと落穂拾ひ」『農業本論』第七章三五〇―三五四頁。

(81)『農業本論』第七章「境界の争」三五四―三五七頁。
(82)宗教に関しては、同右、第七章参照。
(83)同右、三六五頁。
(84)「修養」『全集　第七巻』五七頁。
(85)崎浦誠治「解題」『新渡戸稲造』『明治大正農政経済名著集⑦農業本論』農山漁村文化協会、一九七六年、三―二二頁。
(86)住谷一彦「新渡戸稲造と河上肇」〔日本農政学の系譜〕『環』第四〇号、藤原書店、二〇一〇年、二〇〇―二一三頁。

第3章　文明の進歩を目的にした植民思想

——台湾糖業政策を中心に——

新渡戸は、台湾の民政長官であった後藤新平からの強い依頼で、思いがけず台湾の殖産興業に携わることになった（一九〇一年）（台湾は一八九五年、日本の植民地になっていた）。台湾の殖産興業をどのように行うのかが新渡戸に託された課題であったが、新渡戸は、台湾の甘蔗（さとうきび）に注目し、砂糖の生産力向上を目指し、品種の変更、大機械の導入など、抜本的な対策を進言した。その結果、砂糖は台湾の基幹産業となり財政的にも日本を支えるものとなっていった。しかし、このことが、植民政策に加担した帝国主義者として批判されることになる。

その後、新渡戸は、台湾での体験をもとに、京都帝国大学、東京帝国大学で植民政策学を講じた。新渡戸は台湾の植民政策を北海道の開拓の延長と見ており、開拓者（パイオニア）精神を高く評価していた。新しい土地では「進取の気性《象》」を動かせる余地があり、より高い文明へと昇る好機ともなると把えていた。そこに問題がなかったとは言えないが、新渡戸は当時の体制の中にあって、日本と台湾とのコラボレーションにより、共に利益となる道を探っていたとも考えられる。

台湾総督府時代（1901-1904）の新渡戸稲造

（草原克豪『新渡戸稲造 1862-1933』口絵）

新渡戸の植民政策は、地球の人化や文明論を含んだ壮大なスケールのものであった。それを非現実的思想と把えるか、そこに新渡戸の人格論の一端が表れていると見るのかは、見解の分かれるところであろう。新渡戸の植民政策論は奥が深い。筆者は、新渡戸の人格論が植民思想にどのように反映されているかという視点から論じた。

はじめに

「新渡戸は日本における植民政策学の創始者開拓者である」[1]と大内兵衛は述べている。新渡戸が一九〇三年に京都帝国大学で受け持った講義が、日本における最初の植民政策講義であった。明治後期、日本は領土拡張を目指し、台湾、朝鮮を植民地化し、満州もその視野に入れようとしていた。それらの地域の中で、新渡戸が直接に関わったのは台湾である。本章は、台湾で新渡戸が提案した具体的政策をもとに、植民思想の特質を考察しようとするものである。

新渡戸は一九〇一年に台湾総督府に赴任し、児玉総督に『台湾糖業改良報告書』を上申している。その後、台湾での体験を踏まえ、京都帝国大学、東京帝国大学で植民政策学を講義した。その講義内容は新渡戸によって直接に執筆出版されることはなく、東京帝国大学で聴講した矢内原忠雄、大内兵衛、高木八尺の筆記ノートを元に『植民政策講義』として、一九四二年に出版された。新渡戸の植民思想が帝国主義的なものであったのか、自由主義的なものであったのかは、よく議論されるところであるが、植民政策に関する見解が、新渡戸の全体像にも影響を及ぼすことを考えると、繊細で緻密な研究が必要とされる。

新渡戸の植民政策を論ずるにあたり、特に次の点に留意する必要がある。新渡戸の高弟で、学問的にも植民政策学を継承した矢内原忠雄は、「新渡戸の演説は、いくらでも敵の打ち込む隙があった。実際、先生はその隙間から度々打ち込まれて、多くの誤解、非難、迫害を受けた[2]」と述べている。植民政策に関しては特にその傾向が強く、表現が不適切なために、本来、新渡戸が意図していないように受け取られたケースは多々ある。不備な表現ばかりを拾い上げて新渡戸像を描くと、「上から押しつける権威主義的な帝国主義者」になるであろう。しかし、新渡戸は原住民のための植民政策ということを念頭に置いており、そういう点を中心に新渡戸像を描くと「植民地住民の経済発展に貢献した善意ある自由主義者」と表現することも可能である。新渡戸が書いた同じ論文を用いても、その引用箇所によっては、随分と違った人物像になるのである。したがって、新渡戸の植民政策を論じる際には、その発言の意図を汲み取ると同時に、植民政策以外の分野で新渡戸がどういう言動をしてきたのかも併せて考慮する必要がある。矢内原は「新渡戸の授業は理路整然たる体系というよりも、滋味溢るる暗示的なものであった[3]」と評している。新渡戸が暗示しているものを浮き上がらせ、推測も交えながら考察するという作業が是非とも必要となる。本章では、序で述べたように、人格論を踏まえて、新渡戸の植民思想を論ずることとする。

新渡戸が「帝国主義者」であったか、「自由主義者」であったかは、一九八一年に新聞紙上で行われた飯沼二郎（一九一八～二〇〇五）と佐藤全弘（一九三一～）の論争がある。飯沼は、新渡戸が植民地支配に加担した「生粋の帝国主義者」であると論断したのに対し[4]、佐藤は新渡戸を原住民の側に立った植民政策を展開した「真の自由主義者、人格主義者、平和主義者」と論じた[5]。両者の論争の最大の相違点は、飯沼が「自由主義者」としての新渡戸を全面的に否定しているのに対し、佐藤は、新渡戸が時代の汚泥にまみれつつも、時代を超える高い理想を抱き、その理想の実現を目指した「自由主義者」と捉えている点である。佐藤は、無教会の指導者であると同時に、新渡戸研究の第一人者である。専門はカント哲学であるが、カントの人格論から新渡戸が影響を受けた点を考慮し、新渡戸の言動を善意に解釈しようとしている傾向がある。それに対し、飯沼はクリスチャンであるという点は同じであるが、『植民地朝鮮の社会と思想』を著書に持ち、日本帝国主義が残した爪痕を心から嫌悪していた農学者であった。佐藤、飯沼の背後にある人生観、世界観が新渡戸像を描くことに影響しているとも考えられる。したがって、新渡戸を理解するには、もう少し、研究者の先入観を抜きにした客観的視点が要求される。

一九九〇年には、浅田喬二氏が「新渡戸稲造の植民論」[6]を著し、飯沼、佐藤両者の立場は極端であるとして斥け、新渡戸は「植民地体制を容認する人道主義的植民政策学者」であり、帝国主義者ではなかったと結論づけた。しかしながら、浅田氏は、新渡戸の展開した植民政策論には民族問題という視点が全く欠落しており、「地球の人化」に植民の終局目的を置くような抽象的植民論は、植民の持つ民族的・政治的・階級的性格を全く看過したものであると断定した。そして、新渡戸の説く「世界土地共有論」は、近代帝国主義のもとでは実現の可能性を全く持ち得ない主張であり、それは新渡戸の植民政策論の非現実性及び非科学的理論水準の低位性を示していると述べたのである。[7]浅田氏が新渡戸の植民政策を台湾、朝鮮、満州と広範囲にわたって渉猟している点は評価できるが、新渡戸の教育者、思想家としての著作をほとんど考慮しておらず、植民政策についてだけの関連著作をもとに結論を導いているように思われる。浅田氏は、民族をベースにする歴史観が強く、他方、新渡戸はクエーカーとして民族という枠を超えて、世界的規模で「地球の人化」を考えようとしていた点に特色がある。本章は、こういう先行論文を踏まえて新渡戸の植民政策論を考察していこうとするものである。

第1節　植民地台湾論

I　台湾の歴史と後藤新平の台湾統治策

新渡戸が台湾総督府に勤めることになったきっかけは、一八九九年、「台湾で奉職する気はないか」という手紙を当時の農商務大臣曽禰荒助からもらったところから始まる。当時、新渡戸は米国で病気療養中の身であり、健康を回復した後は、札幌農学校に戻る予定であったので辞退した。しかし、台湾の民政長官であった後藤新平の新渡戸を獲得したいとの思いは強く、再三にわたる勧誘についに新渡戸も折れ、三顧の礼を以て迎えられた。

台湾は、一八九五年、下関条約で清から割譲された日本最初の植民地である。台湾の歴史は、外来政権による抑圧と台湾住民の抵抗の歴史であった(8)。先住民族は、マレー＝ポリネシア系であるが、地理的に中国に近いことから、漢民族が早くから移り住んだ。大航海時代の十七世紀、台湾は一時期オランダ、スペインの支配下に入り、スペインは北部、オランダは南部を支配した。オランダが台湾北部からスペインを追放した後、鄭成功（一六二四〜六二）がオランダの勢力を駆逐し、台湾を支配した。その後、清国が鄭政権を倒し、台湾を領有した後は、福建省などから台湾へ移住する者があいつぎ、漢民族が平地に住んだため、先住民族は山岳に追いやられるという状況にあった。

台湾領有時、アジアで初めて植民地を持った日本が、果たしてうまく台湾を統治できるのかという好奇の目が海外から向けられた。それ故、日本政府は失敗が許されない状況にあり、重要人物を台湾に配置した。一八九五年には台湾総督府が設置され、日本から陸海軍中将以上の有能な軍人が台湾総督として派遣された。初代総督・樺山資紀（一八三七〜一九二二）は在任一三ヵ月、第二代総督・桂太郎（一八四八〜一九一三）は四ヵ月、第三代総督・乃木希典（一八四九〜一九一二）は一六ヵ月と、それぞれ短期間で交代している。日本に抵抗する台湾民衆の反発は強く、各地で義勇軍なるものが形成され、日本軍は抗日ゲリラ活動に悩まされた。植民地統治は一向に進まず、台湾総督府の財政は、好転する気配も見せず、日本からの補助金が年ごとに減らされ、フランスへ一億円で台湾を売却したらどうかという議論も出てくる始末であった。そういう状況下で登場したのが、一八九八年二月に第四代総督として就任した児玉源太郎（一八五二〜一九〇六）である。児玉は、伊藤や桂らの長州藩に近い徳山藩出身で、その能力をかわれての任命であった。八年間台湾総督を務めたが、その間、陸軍大臣、内務大臣、文部大臣等も歴任していたため、台湾を不在にすることが多く「留守総督」と呼ばれた。その児玉の下で、民政長官として実質的に台湾行政に辣腕をふるったのが、一八九八年三月に任命された後藤新平（一八五七〜一九二九）である。

後藤が台湾統治の上で重視した方針は「生物学の法則」である。医師であった後藤は、国家も人の身体と同じように生命体と考え、その健全なる発達と生活環境の改良を説いて台湾を統治しようとした(9)。後藤は、台湾に日本の制度をはめこまず、物理的な文明化を中心に民心を惹きつけるリベラルな政策をとった。具体的には、鉄道、港湾、水道、電信、病院などインフラ整備に力を入れた。台湾統治に当たっては「自治の慣習」を重んじ、「総督に全権を与え本国政府は干渉するな」との論を展開した。つまり、現地の実情に合わせた「特別統治」を根本に置いたのである。日本政府にとっても、総督府の裁量権を認めて現地の実情に合わせる「特別統治」を採るか、植民地を本国の一部と捉えて同化を進める「内地延長」を採るかは台湾の植民地政策のあり方を決める上で極めて重要な問題であった。本国の信任を得た児玉・後藤ラインがこの後、台湾で行政権を振うことになる。

下関条約の時に李鴻章が指摘していたように、台湾には、治安を乱す者として土匪の存在があった。土匪とは、ならず者集団で、台湾各地に頭目がおり、農民から生産物を搾取し、人々から物を奪う連中であった。この土匪と日本植民地化に反対する義勇軍が日本に対する抵抗勢力となった。土匪が抗日活動に転じて行く場合もあり、また、良民であるにも拘わらず日本軍から土匪と疑われ、抗日分子となるという悪循環もあった。児玉と後藤は、「土匪招降策」という帰順政策を打ち出し、投降してきた土匪は良民と認め、土木事業などへの就業を支援した。一方、帰順しない土匪に対しては徹底的な討伐を行い、殺害にまで及んだ。その結果、各地の抗日勢力は徐々に投降し、彼等の所有する武器は全て没収された。しかし、良民が土匪と疑われ、裁判にもかけられずに処刑されたケースもあり、「土匪招降策」は今なお、児玉、後藤が批判を受けている点である。[10]

後藤は治安維持にあたって日本の警察力の導入に加え、台湾の保甲制度を利用した。保甲制度とは清代に確立された防犯と社会秩序維持のための制度で、十戸を一甲、十甲を一保となし、それぞれの長として、保には保正を、甲には甲長を置くというものであった。保甲の主要な任務は、戸籍調査、住民出入りの監視であり、連帯責任を伴うものであった。また、保甲の青年男子による壮丁団（十七〜四十歳迄の男子）を組織し、抗日分子の鎮圧と天災防止の補助に従事させた。[11] 壮丁団は日本の警察の下でその地域の治安維持に一役買うことになり、このように保甲制度を利用した点が後藤の「生物学の法則」の一つの実践面と言える。

後藤は、台湾の経済発展を促進するために、三大事業と三大専売制を敷いた。[12] 三大事業とは、鉄道、築港、土地調査である。基隆から高雄に至る縦貫鉄道を建設し、自動車の通行ができる道路を修築し、台湾各地域間の交通運輸網を整備した。基隆港と高雄港を改築して近代的設備を整えた港にし、万トン級船舶の出入りを可能にした。また土地調査によって、台湾の複雑な土地所有権を簡素化し、大租戸を買収して、小租戸に土地所有権を認めて租税義務を負わせたが、これによって税収が大幅に増加した。そして専売制度を敷き、アヘン、食塩、樟脳を専売にしたが、この中でアヘンの専売が特に問題とされる。台湾では、古くからアヘンを吸引する習慣があり、これが日本に持ち込まれることを日本政府は懸念していた。日本では「厳禁論」と「非禁論」とが激しく対立していたが、後藤は、そのどちらでもない「漸禁論」を採った。非禁論は、人道的にも国力を著しく低下させるので後藤はあり得ないと考え、本来なら厳禁論が理想であるが、アヘン吸飲者はすぐにはやめられず、治療の手段として、一時的にアヘンを認めるという制度をとったのである。もし、厳禁論をとったとしても、密売が横行し、その利益は台湾の地下組織に入る危険性があった。また、アヘン吸飲者の反日の動きがより一層強まるため、統治は困難さを加えることが懸念された。それ故、段階的に吸引量を制限しながら治療をしていくというアヘン漸禁策をとったのである。アヘン吸引者を許可制にして、特定の人にだけアヘンの吸引を認め、それ以外の者には販売しないという政策は、以後、許可する人を認めなければ、吸引している人の死亡と共にその数は減少していくことになる。一九〇〇年の段階で吸飲者は一六万九千人であったが、一九〇五年には一三万人に減少した。その効果は数字にも現れ、世界的にも注目されたが、厳禁論をとらなかった点は問題であると指摘する専門家も多い。もうひとつ、後藤の政策で問題視されるのは、アヘンを専売にし、その収益を総督府が握るという政策をとったことである。当時の台湾総督府の財政は赤字であり、アヘン収入は大きなウェイトを占めていた。（例えば、初めて財政が黒字化した一九〇五年の台湾総督府の歳入は二五四一万円であるが、そのうちアヘン収入は四二〇万円で全体の一六・五％を占めていた）[13]アヘン収入は、その後、四〇〇万円台から五〇〇万円台を推移し、アヘン収入がなければ、台湾財政が黒字に転ずるのはずっと先であったと思われる。赤字財政を乗り切る手段としてアヘンを専売にした後藤の案を擁護する意見もあるが、日本の統治を優先し、台湾住民の健康を犠牲にして収入を得ようとする政策であったとの批判も強い。但し、アヘンはこの段階では国際的に禁止されておらず、アヘンが非合法になったのは国際連盟ができてからである。しかし、それが後藤の漸禁論の容認に直ちにつながるというわけではない。

医師であった後藤が最もその手腕を発揮したのが、台湾の衛生設備を充実させたことであった。マラリヤ、ペスト、コレラの撲滅を目指し、検疫所、病院を設け、上下水道を整備するという政策を行っている。

次に、台湾の殖産興業であるが、その筆頭にくるのが、製糖業である。その他、台湾米[14]の増産、ウーロン茶の販売網を世界各地に築くこと、林業、鉱業（金、石炭、銅、石油、硫黄）に台湾総督府は力を注いだ。新渡戸の糖業政策は実行に移され、台湾の砂糖生産がその後の台湾財政に大きな比重を占めることになる。

台湾を領有した当時、日本は砂糖の四分の三を輸入に頼っていたが、台湾での産出量を増やすことによって、砂糖輸入量を大幅に減らすことができ、台湾を本国の経済システムに組み込むことができると考えた。その政策責任者として後藤は新渡戸に白羽の矢をあて、製糖業の将来を託すことになったのである。新渡戸は、一九〇一年五月に台湾総督府に赴任し、六月に台中、台南に出張し、現地調査を終えて、九月に児玉総督に提出したのが「糖業改良意見書」[15]である。

II 「糖業改良意見書」

全部で四章に分かれており、第一章「本島糖業の現状」、第二章「本島の糖産に適する理由」、第三章「本島改良糖業方法」、第四章「本島糖政上施設の急務」より成る。台湾における甘蔗生産の歴史は十七世紀に遡る。甘蔗はオランダの植民地であったジャワからもたらされたものであった。その後、欧州・豪州へ輸出されるという時期もあったが、十九世紀後半、欧州の甜菜糖に押され、甘蔗の砂糖生産は、甜菜糖の四分の一に甘んじているという状況であった。新渡戸は台湾糖業の現状と将来の展望について、次のように述べている。

「今日の台湾糖業は、萎靡衰退し、東洋市場においてヨーロッパの甜菜糖に圧倒されつつあるが、学術の力を借りての甘蔗栽培ならびに製糖法の改良と、日本政府の保護政策によって、現今の糖業衰退を挽回し、さらに一層の発展をはかることは、さほど難事ではない[16]」

新渡戸は、台湾糖業の挽回可能な理由として、台湾の気候が甘蔗栽培に適していること、台湾の労働賃金が安いこと、灌漑により増産が見込まれること等をあげ、日本政府の「保護政策」によって、現今の糖業の趨勢を挽回し、さらに、一層の発展をはかることは可能と提言している。台湾の「天恵の日光」と「低下なる労働賃金」という台湾糖業にとって適合的な自然的・経済的特性が十分活かされると、当時の産糖額の二〜三倍の増大、さらには五倍にすることも不可能ではないと新渡戸は判断している。

それではどのような政策を提案したのであろうか。新渡戸は（1）「農業部門の改革」と（2）「工業部門の改革」の大きく二つに分けて論じ、さらに、（3）「頑冥固陋な農民対策」も講じている。

（1）農業部門の改革（甘蔗耕作法の改良）

それまでの台湾での品種は「竹蔗」（チクシャ）であり、細い枝であったので、これをハワイ原産の「ライハナ」「ローンズバンブー」に変更することを提案した。ハワイ外来種の方が枝が太く、搾汁の点で利点があったからである。当初は「ライハナ」を第一に考えていたが、五年程で害虫にあって全滅したため「ローンズバンブー」が主体となっていった[17]。さらに、肥料と労力の増役、既成田畑の蔗園への転換、未開墾地の蔗園への増大等を新渡戸は提案している。

（２）工業部門の改革（製糖法の改善）

それまでの水牛に石車を牽かせる生産方法は非効率であったため、大規模な機械の導入を勧め、台湾総督府はその方面へのテコ入れをするように新渡戸は促している。政府自ら外国製機械を購入し、これを無料で貸し付け、大規模機械製糖工場を新設する者には、日本政府が奨励金を与える等の便宜を図るように提言している。[18]

（３）農民対策

新渡戸は農民が因循固陋で今までの方針に固執するため、新しい品種がいかに生産力を向上させるかを説いても、受け入れない農民がいることを想定していた。それゆえ、無料で苗を与えるといった経済的な援助だけでなく、自ら出向いて村の古老に新しい品種のすぐれた点を説明し、それでも納得しない者には、汽車賃を支給して台南にある農事試験場に行ってもらい、実物を見て欲しいと頼んだという。[19]それにもかかわらず今までの生活を変えようとしない農民には、強制手段を取るように児玉源太郎に進言している。それはかつてプロイセンのフリードリヒ大王が馬鈴薯耕作をしない農夫に罰金を科し、憲兵をも使用した政策を髣髴とさせるものであった。[20]しかし、台湾において実際に警察権力を行使した例は史実としては確認できない。新渡戸は「甘蔗耕作を強ふる能はざるため、百姓の望に余り背くと翌年から作らなくなる」[21]という表現もしていることから、新渡戸は台湾農民の自主性、自発性を重んじ、警察権力の行使はできるだけ避けたいと考えていたことは確かであろう。現実には、台湾の甘蔗農家が外来種の生産性が高いのに気づき、収益率のアップにつながると考え、糖業改良政策を実施して五年で外来種は全体の八〇％になった[22]。新渡戸の提起した甘蔗政策は徐々に軌道に乗っていき、一九〇九年にはアヘン収入を抜いて歳入の三割近くを占めるようになり、安定財源としての機能を果たしていった。

Ⅲ　聞き入れられなかった新渡戸の願い

「糖業改良意見書」には、台湾農民の利益を担保する方法として以下の四つの政策を盛り込んでいた。第一に、甘蔗を作る農民に糖業組合を作らせるという点である[23]。糖業組合を設ける理由は、甘蔗は刈り取ったあと一日放置すると、化学反応してブドウ糖に変化する。そのため、素早く販売する必要があるので、その弱みに付け込んで製糖業者が安い価格で買い叩く危険性があった。農民が組合を作ることで、糖業組合と製糖会社の間での売買を集団的に行わせ、製糖業者が農民の売り渡しの価格を個別に買い叩くことを防ごうとしたのである。第二に、甘蔗を栽培する農民を製糖会社の小株主として参加させて、製糖会社の利益にも農民が関与出来る仕組みを作ろうとした点である[24]。農民だけが犠牲になり、製糖会社が利益を独占しないようにとの配慮からであった。第三に、甘蔗の購入価格に総督府が介入して公定購入価格を設け、その価格で買い取らせようとしたことである[25]。これは、不当に安い価格で製糖会社が農民から収奪しないようにという安全弁であった。第四に、甘蔗保険[26]である。甘蔗は風水及び虫害の恐れがあり、これを救うためには蔗園収穫保険の方法を講ずる必要性があった。

しかし、このような台湾の農民の利益を大製糖資本の収奪から保護する新渡戸の提案は総督府の採択するところとはならなかった。糖業の奨励策だけが採用されて内地資本の支配が実現してしまったことは、新渡戸にとってきわめて遺憾なことだったと推察される。[27] 新渡戸は、植民地農民の利益を本国大資本から擁護し、それでいて日本にもメリットとなる台湾と日本のコラボレーションという道を探っていたと思われる。新渡戸は外形的には日本の対外進出と軌を一にした動きをしたように見えるが、その内実はかなり異なっていたと考えられる。

Ⅳ　新渡戸の台湾植民政策の総括

新渡戸の『糖業改良意見書』には台湾農民への配慮があったにも拘わらず、結果的には、日本本土から大企業の製糖会社が台湾に進出し、台湾の利益を奪っていった。新渡戸の政策が実現しなかった理由の一つは、台湾の滞在期間の短さにある。新渡戸は、一九〇一年の五月から一九〇四年の二月まで台湾総督府勤務であったが、実際に台湾にいた期間は正味一〇ヵ月ほどであった。その他の期間は、公用で海外視察旅行をしている。糖業改良意見書が国会を通過し、実施に移される一九〇二年夏には新渡戸はヨーロッパにおり、台湾糖業政策を直接、指揮できる立場にはなかった。また、当時の日本の糖業会社には、農民を株主にするという発想はなく、新渡戸がその後ずっと台湾にいたとしても、糖業会社を説得できた可能性は低い。新渡戸の働きが、台湾での砂糖生産を爆発的に伸ばし、財政的にも大きく寄与した点は間違いのない事実であるが、新渡戸はあくまでも最初の青写真を提示したに過ぎず、それも糖業に関してという限定付きで理解する必要がある。

浅田喬二氏は、前掲の「新渡戸稲造の植民論」で、新渡戸は、糖業政策を推進することで台湾の蔗農がどの程度、経済的に豊かになるのかを指摘していないと批判している。新渡戸は、台湾農家を主体ではなく、台湾総督府の働きかける客体と見ていたのではないかというのである。確かに「糖業改良意見書」の中に、具体的に台湾農民がどの程度豊かになるかという数字はない。しかし、新渡戸は台湾人がどのくらい豊かになっているのかに常に関心を払っており、台湾の農家を訪ね、その食事に豚肉が入っているかどうか等に注目している。新渡戸は順番として「まず、台湾人の飢えと渇きを満たす物を与えるのが先決であった」と当時の心境を述懐している。「糖業改良政策」は台湾総督に提出したものであるがゆえに、支配者の視点から書かれたように受け取られがちであるが、その前提に台湾人の生活水準の向上があったことは確かである。また、浅田氏は、台湾の小作人がどの程度、地主に搾取されているのかを新渡戸は把握していないと指摘している。後藤新平の採った土地所有権調査の結果、「土地所有から強権的に排除された台湾人農民が多数発生し、彼等は無地少地の農民として資本制工業の労働者となり、日本人地主の小作人になった」[28]と浅田氏は述べているが、管見の限り新渡戸は台湾の土地制度に関する研究はしていない。マルクス主義的視点を含めて、台湾の植民政策の本格的研究は、日本の植民地支配が激化していく時代に台湾を研究した弟子の矢内原忠雄を待たねばならない[29]。

新渡戸が帝国主義者か自由主義者かという議論が交わされた論文を読むと、新渡戸の台湾での役割を双方とも過大に評価しているように思われる。検討対象を糖業に絞り、そこから垣間見えてくる新渡戸の思想に着目し、植民政策を論じる必要がある。

後藤の招きにより、台湾での植民政策に携った新渡戸であるが、後藤が批判を受けている土匪刑罰令、アヘン問題には関わっておらず、後藤の植民政策とは異なる部分もある。この違いは、キリスト者新渡戸という側面と、農学を踏まえての産業育成、人格形成という構想があったことに由来すると思われる。新渡戸が甘蔗生産に注目したのは、砂糖生産が農業部門と工業部門とにまたがっているからであるが、これは、「国家は農業部門を基礎に、工商の発展を目指す」という『農業本論』での持論を踏まえてのことであった。いわば、「糖業による軽工業創出計画」といえるものを新渡戸は提示したことになる。台湾の糖業に関する新渡戸の構想を吟味することにより、従来、言われてきた帝国主義者・新渡戸の影の部分に関して、少なくとも台湾については解きほぐしが可能であると考える。

（補論）現代の台湾の日本統治評価

日本の一八九五年から一九四五年までの台湾統治全体に対して、台湾はどのような評価を下しているか、その全貌を論じるのは極めて難しい。しかし、大きく二つに分かれる。日本帝国主義の植民地支配体制の過酷さ、非人道性を全面に打ち出す批判的見解と、日本の台湾統治は問題を孕みながらも、台湾の文明化を進め、台湾経済を前進させるのに役立ったという功罪両面を見ていこうという見解である。

前者の立場に近い見解として、黄昭堂『台湾総督府』があげられる。後藤新平の努力によって台湾のインフラ、衛生設備が改善されたプラスの面もあるが、台湾総督府がアヘン専売による増収を優先させせていたことは明らかであり、むしろ批判的観点から日本統治を捉えるべきであると論じている。他方、後者の立場をとるのは元台湾総統の李登輝である。彼は後藤新平を絶賛し、次のように述べている。

「後藤新平が、台湾の近代的な制度を築き上げ、植民地になってわずか十年で、日本本国の援助がいらないくらい生産性も上がり、教育程度も高まった。後藤の台湾統治は、搾取するための植民地化ではなかった。台湾に文明を分けてくれたのである[30]」

李登輝は、一九二三年、日本統治下の台湾に生まれ、京都帝国大学に学び、日本語・日本文化にも通じた人である。新渡戸稲造の武士道の注解書である『「武士道」解題[31]』を出版しており、日本の武士道精神を高く評価している。

一九九七年には、台湾の中学一年生用の歴史の教科書『認識臺灣[32]』が発刊された。それまで、台湾では日本の植民地時代の詳細は学校では教えられてこなかったが、それが教科書に載ったことは画期的であった。第二次世界大戦後、日本が撤退したあと、中国大陸から国民党軍が来台し、蔣介石（在一九四八〜一九七五）、蔣経国（在一九七八〜一九八八）の時代となるが、この時代は日本統治下のことは伏せられていた。その状況が大きく変わるのが李登輝（在一九八八〜二〇〇〇）の時代である。歴史教科書『認識臺灣』は、四分の一を日本統治時代にあてている。日本の軍事占領を批判しつつも、日本の統治により、砂糖、米の生産が激増し、インフラも整備され、衛生面でも好転したと比較的好意的な記述が目立つ。台湾人が法や時間を守るようになったということも記されている。

何故、ここまで日本の植民地支配に対して好意的であるのか、さまざまな理由が考えられるであろう。前述したように台湾は、無主の国であり、外来政権による抑圧と住民の抵抗の歴史であった。比較すると、日本統治時代の方が、第二次大戦以後の国民党政権による弾圧政治よりも治安、生活環境共によかったという見方をしている人もいる。台湾は戦後、戒厳令が敷かれ、日本統治下の歴史を教えることは禁じられていた。隠されていた歴史を公にしようとするのは、李登輝総統の時代からである。一九九〇年代には、台湾の歴史を見直そうという動きが広がり、『認識臺灣』が刊行された。当時、教科書はこの一種類だけであり、この『認識臺灣』で教育していたのであるから生徒に与えた影響力は小さくはないと思われる。その後、この教科書に関する賛否両論が出て、現在は違う教科書が使用されているが、一時的にせよ、日本の植民統治時代を否定的側面だけでなく肯定的な側面も正当に評価した教科書が登場したということは新しい時代の始まりを告げるものであった。

第2節　植民政策論

Ⅰ　植民地の定義と植民地必要論

新渡戸は植民地を次のように定義している。「「人」「土地」並に「母国との政治的関係」の三者を要するものとして、植民地とは新領土なり。植民とは国民の一部が故国より新領土に移住することをいふものと解する」[33]日本人がハワイに移住するように、ただ単に人が移住する場合は植民と言わず、「新たに得たる領土」と母国が「政治的関係」にあることが植民であると定義した。また、内国植民は、本国国民の移住先が国土以外の領土でないため、これを植民とはいえない[34]としている。問題は「政治的関係」の中身である。植民とは、一国の力が国境を越えて伸張する事をいうのであるから、植民ということと国家という観念或いは民族という観念とは離れることができないと述べているが、その政治的関係の中身に関して新渡戸は明言していない。それが、支配・服従の関係か、親・子の関係かによって大きく将来の展望が変わってくることになる。

新渡戸が植民地支配を肯定し、植民政策学の講座を担当していたことは、クエーカーの説く人間平等の観点から矛盾するのではないか、その点を新渡戸はどう理解していたのであろうかという疑問が生ずる。新渡戸は、究極的には植民地は一時的なものであるとしながらも、当面は植民地体制を維持すべきという考えを持っていた。その点は、次の発言からも見受けられる。

「近代日本の植民の初期の形態にあっては、主たる動機は国の安全――すなわち国境防衛、外国の侵入からの安全保障――であった[35]」

「嘗てイギリス首相ソリスベリーが「膨張的国民（expansive nations）は生きる国、非膨張的国民（non-expansive nations）は死ぬる国である。国家はこの二者中その一に居る」と言つたのは思ふに真理であらう。膨張的国民は必ず植民地を有つ。植民地獲得の利益より見ても、病的とは言ひ得ないであろう。むしろ、国民発展の論理的結果と言ふべきものであろう[36]」

「余輩は固より或る意味に於ける帝国主義、即ち暴力を逞しうして、弱肉強食の醜を演ずるが如き残忍酷烈なる主義は、決して之を望む者にあらずと雖も、国力の伸張にして、経済発展の結果として起る以上は、その膨張咎むべき所毫も無きのみならず、却りて人類進歩の一端として、寧ろ嘉すべきものあるを見るなり。而してこの意味における帝国主義の実行は、農本国に於ては決して望むべからざる所にして主として商工の力を藉らざるべからず[37]」

『農業本論』の中に、膨張主義を目指し、農業だけでは国外へ力を伸ばせないがゆえに、商工の発展に期待するということを新渡戸は書いている。そして、「我国の如く、未だ商業盛ならず貿易幼稚の時代に於ては、膨張論を商家に求むること難し。寧ろ、当局者自ら主張して、人氏一般に教示すべきなり[38]」

と述べ、膨張の力を有しない場合は、国家がそれを援助して海外に進出していくことを示唆している。そして、日本が一九一〇年に朝鮮を併合した時、大いに心を引き締めて物事に当たらねばならないとして左記のように説いている。

「本年は洵に多事な年でありました。政治上に於ては日露協約が成り立つて、東洋の天地に平和の根底を築き、朝鮮を併合して二千年来の宿志を遂げ、これが為めに我帝国は、北海道、四国、九州を合せたるに等しき八万二千方哩の新領土を加へ、（中略）従来五千万と称して居た我同胞は、六千万と成り、領土の膨張、人口の増加、開闢以来未曾有の事でありますⅲ」

ここには、朝鮮併合にいささかの疑問を呈するという感覚はない。そして、左記の文章に見られるように、もはや朝鮮の国家の独立は不可能であるというのである。

「此の如き欠陥があればこそ、独立して自存する能はず、他国の統治の下に始めて生存し得るに非ずや[40]」

此の如き欠陥とは、植民地政府がその国の人民を十分統治することができないことからくる欠陥である。それでは日本ならば、どのような統治を行うことができるというのであろうか。「植民国としての日本[41]」に次の五点をあげている。第一は、その国の防衛である。第二は、生命財産の保全と法律制度の普及である。第三は、健康の保護[42]である。第四は、産業及び交通手段の振興である。第五は教育である。これらの政策の遂行のため、日本がかわって植民政策を行う理由があるというのである。植民国による植民地の保護・監督が容認される理由を、植民地の政府が自国を統治することができない点に見出している。新渡戸は、朝鮮という国よりも、その中にいる人民に重きを置いていたと言える。朝鮮人民のさまよえる霊魂が行き場を見出せずにいる様が新渡戸の目に映ったのではないだろうか。このさまよえる魂の救出という視点は、内なる光をどの民族も持っているとするクエーカーの信仰とも矛盾するものではない。この点だけをとれば、新渡戸にとっては人道的であったとも言える。この新渡戸のスタンスは晩年の満州事変においても変化していない。そして、もう一つの視点は、植民地を持つことが日本の利益につながるという点である。台湾の糖業政策が日本と台湾農民のコラボレーションであったのと同様の線を新渡戸はここで描こうとしている。植民政策において海外に広く植民地を持つことが日本の防衛に役立ち、日本という国家が膨張していくことに貢献すると考えている。新渡戸の植民政策は、一方に日本のナショナリズムがあり、もう一方に、さまよえる魂に着目した点に特色がある。この捉え方は、新渡戸の人格論と密接に関係するものであった。

II　植民の理由と目的

新渡戸は、文明の盛衰は一五〇〇年〜一六〇〇年毎に周期があり、西洋文明と東洋文明が上下を繰り返しているというフリンダース・ペトリー（Flinders Petrie）[43]の説を紹介している。西洋文明と東洋文明が同時にピークを迎えるのではなく、片方が衰退する時は、もう片方が上昇するという説である。海外への膨張が起こるのは、対外的に伸張している時であり、その一つの現れが植民である。

何故、植民が起るのかについて、新渡戸は一〇の理由をあげている。[44]第一は、最も一般的な理由であるが、過剰人口を海外に移すためである。当時（明治末〜大正時代）、日本を含め、人口増加に悩む国は多かった。日本は毎年数十万人増加していたが、その人口をどこへ移住させるかが課題であった。しかし、必ずしも、人口増加が植民に結びつくものではない。十九世紀末のドイツのように工業が発達し、労働力の需要が拡大すると海外への植民は減り、むしろ外国人労働者の流入が起っている国もある。第二は、水害、旱魃などの天災地変である。第三は、富力が増進して海外への資本投下の道を求めることである。国内では開発が進み、資本の投下先がなく、リスクは大きくとも収益率の高い海外の植民地への投資が増加するのである。第四は、過剰生産のため販路を海外に求めることである。第五は、原料不足を海外に求めることである。特に熱帯の食料品であるバナナ、カカオ、工業原料となる綿花の需要は大きかった。第六は、寄港地として給炭地を要するため、商業上、軍事上の海外の根拠地を得ることである。以下は精神的作用になるが、第七は、民族主義（Nationalism）の拡張の為、威力を他種族に及ぼすこと、第八は、文化発展の余波が国外に普及すること、第九は宗教伝道の結果、海外を教化せんとすること、そして第一〇は、十九世紀のカーライル、ニーチェらの「力の思想」が帝国主義的風潮を作ったとするものである。

新渡戸の植民論で興味深いのは、文明には浮き沈みがあり、対外的に膨張する時と内にひきこもる時があり、外に出て行く時に植民は盛んになり、その背後には思想があるとしているところである。確かに、十五、十六世紀の「大航海時代」はルネサンスの時代と重なっている。また、ルターの宗教改革が、カトリックの反宗教改革をもたらし、西洋で失われた領土の奪還という形で東洋伝道が起っている。七から一〇は精神的な原因と結びついており、新渡戸はその中でも究極的には宗教の影響力が大きいのではないかと見ている。

第一の人口増加、第二の天災地変は、植民地という形態はとらずとも、現代でも普遍的に見られるものである。天災地変はアフリカなどで顕著であり、現代では、人口の過剰という直接的原因ではなく、雇用がないために、他国への移住が行わている。第三の資本の投下先、第四の市場の拡大、第五の国内の原料不足を特に熱帯地方で補うという点は、植民地という形態をとらずとも現代では巧妙に行われている。それは南北問題にもつながるものである。強者と弱者の間では、このような経済関係にあるということを見通した新渡戸の観察眼は鋭いものがある。[45] そして最も新渡戸らしい特質は、この一〇の理由の後半に精神的理由を置いていることである。対外膨張の背後には精神があるとする新渡戸の見解は、農業思想と同様、精神重視の思想へと繋がるものである。カーライルの名前をあげている点は、永遠の否定から永遠の肯定へと至る過程を想起させ、新渡戸の人生観と植民思想を重ね合わせていたと思われる。

Ⅲ　植民政策の二大方針――同化政策と自治政策

植民政策には、同化政策と自治政策がある。同化政策は、原住民を母国と同様の風俗習慣宗教等に意図的にする政策で、フランスがとった政策である。[46] 同化政策の手段としては、雑婚と言語の二つがある。まず、雑婚であるが、征服民族と原住民との結婚は成功した場合と失敗した場合の両方がある。ポルトガル、スペイン等のラテン系は人種的偏見が少ないため雑婚した例は多いが、イギリスは民族的誇りがあるのか、植民地で雑婚することは少ないと新渡戸は述べている。結論として、雑婚は政策として為すべきものではなく、自然に放任すべき問題としている。自らも米国人女性と結婚した新渡戸にとって、この問題に対する関心は高かったと思われる。一方、言語を同じくすることが同化政策に有効であるかという点については、母国語を教えたために、かえって、反体制思想が強化される場合もあることを指摘している。したがって、言語を改めることが同化政策を推進していくとは限らない。これらを総合して新渡戸は、次のような結論を下している。

「同化には八百年の長期間を要すると考へねばならぬ。然るに植民政策の実際に当たりて「時間」の要素を顧みる必要がある。且つ異人種のみをして同化せしめようとしてはならない。植民国民そのものが原住民に適応することを要する。実行法としては彼等の風俗習慣歴史を研究し、採るべきだけを採り、与ふべきだけを与ふべきである。具体的方法としては植民地に関する博物館を建てて母国の人民を教育し、植民学校を設けて訓練を与ふべきであるが、根本的には対外思想の変化、異人種に対する思想の変化が必要である[47]」

同化政策は、「時間」がかかるものであり、人為的に植民地に対して政策を下しても良い結果はもたらされないとして、新渡戸は次のように述べている。

「文化の同化の上にのみ永久の帝国は成る。今日の植民地は剣を以て得るところであるが、この力のみにて統治する場合には永久の同化教化は望み得ない。モムゼンの言つた如く、剣を以て得たるものは再び剣を以て奪はれる。ただ、永久に残るものは鋤を以て得たるものである。同化といふことは理想主義の考である。すべて議論は遠大なる理想から、思想は潔白なる心から割り出すべきであるが、その実行は日々の些細時に関する卑近の事から始めなければならない[48]」

ここに聖書の語句を念頭に置いた新渡戸のクエーカーとしての平和主義の一端がうかがえる。全体的に新渡戸は、同化政策に関しては懐疑的であったと言える。

新渡戸が理想としたのは、イギリスのとった自治政策であった[49]。イギリスは植民地領有の長い歴史があるが、徐々に植民地に自治権を与え、最終的には独立をも甘受するという懐の深い政策に、自主性を重んじる新渡戸が惹かれたのは自然である。イギリスは当初、一個人が一地方を領有し、あたかも副王の如く支配する体制であったが、やはり個人には限界があり、その後、東印度会社のような特許会社に統治権を委ねた。しかし、特許会社は利益に目がくらみ、植民地人民の待遇を悪化させ、人道を無視したため、人心が離反していった。そこで、最終的には国家直営制度に移ることとなる。この制度では、本国から植民地に総督を派遣し、総督に支配権を委ねる形態をとった。当初は、統治の支配権の全権を総督が握るが、植民地住民の進歩の程度に応じて統治方法に段階を設けた。最初に諮問機関を設置し、次いで一部民撰によって立法部に参加するものを生ぜしめ、更に全部民撰とし、最後には自治を許すに至った。このように植民地側にも議会が出来、支配権は徐々に植民地議会に移っていき、総督はシンボル的な存在となっていく。つまり、イギリス本国における国王と議会及び政府の関係と同様になっていくのである。そして、最終的には独立に至る場合も許容するのである。新渡戸はアダム・スミスの言葉を引用し、自治植民地の将来について次のように述べている。

「自治植民地は次第に本国から離れて行き、遂には政治上に於いても分離しようとする勢がある。（中略）その結果、植民地は独立することとなるやも計られない。さうなればイギリスは植民地を失ふに至るであらうが、その時には、アダム・スミスが植民地に対する本国の唯一の貢献が「強健なる賢母」であると言った事が、益々真理の光を発揮するに至るであらう。「米国の如き立派なる国を建て、二百年も之を養ひ育てて来た立派な人々は何処から来たか。母国からである。之が植民地に対する母国の最高の貢献である！」実に大きい考である。この思想に立てば、植民地に自治を与へることも、その独立さへも、渋る程のことではあるまい[50]」

新渡戸は、植民地が発展していくにつれて、どんどん自治を与えていき、究極的には独立することも厭わないという政策をアダム・スミスを引用して婉曲に述べている。しかし、直接的に台湾や朝鮮の独立に言及した箇所はない。新渡戸が台湾や朝鮮の独立に言及していない以上、新渡戸には独立させる気はなかったという浅田氏のような研究者もいる。しかし、この文脈で類推すると、新渡戸は立場上それを口にできないだけで、独立させる意思があったと読むのが自然ではないだろうか。新渡戸は植民政策とは何かについて、「国家学が生理学であるとすれば、植民政策は病理学である[51]」と述べている。病理学とは、つまり、応急処置である。スペインの植民地は四百年で消滅したが、植民国と植民地の関係は永久のものではなく、その性質上、一時的なものと新渡戸は捉えていた。このことも、新渡戸は永久に台湾、朝鮮を保有する考えがないことの論証になると思われる。

自治はアングロ・サクソンの民族的特徴であるとして、新渡戸は高い評価をしているが、何故、自治にそれほど高い価値を置いたのであろうか。それは、自治の中に、新渡戸が「独立」「自主」という徳を見出したからであろう。子供がいずれは親から独立していくように、植民地もいつかは母国から離れていく。その時には、「独立」「自主」という徳をもって独り立ちしていくという考えがあったと思われる。この点を重く受け止めると、新渡戸の植民思想は、「植民地は卵を生み続ける雌鳥」であるとする植民学者とは大きくかけ離れていたことになる。

第3節　植民思想と文明観

『植民政策講義』は Colonization is the spread of civilization.（植民は文明の伝播）という文で終わっている[52]。新渡戸は植民の意味を「全地球の人化」を図って文明の範囲を広げることであると考えていた。植民を単なる「新領土」の拡張とは見ず、そこに人の思想を根づかせることが植民の本来の目的だとした。したがって、植民の最終的な目標は「文明の伝播」であり、人類の物質的資源や精神的資源を切り開いて有効活用する人間活動として捉えている[53]。

「思ふに、全地球は畑地にして之に人、種子を蒔くものは人類以外の一種の力なり。聖書には「天父は農夫なり」と言へり。されば多人少地の地より多地少人の地に人種子を植うるは、将来全人類の最高政策ならん[54]」

新渡戸にとって植民の終局的な目標は神が創造した地球の資源を有効に活用することにあった。ここに、クエーカー的な新渡戸の理想を読みとることができる。神が人類に播いた種子を活かすことで人類の活動の可動域が広がり、やがては人類全体の繁栄につながると考えていた。次の文にあるように、たとえ、その途中に他民族の植民地化というプロセスがあったとしても、最終的には地球を開拓していくという方向へと向かっていると信じていたのである。

「無人の地に人を植え付けてオイクメーネー（居住可能な地）を拡大し、全地球をhumanizeすること、即ち人の居住地とする事は、植民の最大にして最重要な効果である。各国自身は、nationality（民族精神）の思想から植民を為しつつあるものであって、決して人類の為に之を為しつつあるのではない。ただ、彼らの予期せざる結果が、ここに至るのである。この為に人種的の大戦争が起るや否やは知らないけれども、全地球の人間化は植民の大結果である[55]」

新渡戸は、もし、先進文明の人間が遅れた地域を開拓しなければ、遅れた地域はそのまま取り残されてしまうと考えていた。したがって文明を進歩させるアクションを起さないといけない。遅れた地域に資本が投下され、技術が伝播されることにより、産業が発展し、労働需要が喚起され、養える人口も増加する。他方、新渡戸は、人類がこの地球上に生存していくためにはどうすればよいかというグローバルな視点で「地球の人化」を論じている。全地球的な規模では「人多地少」（人口が多く生産力が小さい）から、「地多人少」（生産力が大きく人口が少ない）へ人口が流れると見ていた。地球の全面積は約五〇億㎢であるが、そのうち可耕地面積は一一億㎢しかない。そこで、どうしても土地が豊かで人口密度が低いところに移住することが必要になる。

新渡戸は一〇〇年で人口が二倍に増加した場合の計算をしている[56]。一九〇〇年に一六億人だった世界人口は、二〇〇〇年に三二億になり、二一〇〇年には六四億人なると試算している。あるところで人口増加は止まるという見方もあるが、そのままのペースでいくと二九〇〇年には一兆六〇〇〇億人になり、人口密度は一万五三〇〇人、つまり、当時のロンドンの人口密度と同じになる。逆に、二〇〇〇年まで人口が増え、そこから人口が一％ずつ減少した場合も想定しており、そうすると二〇〇〇年に三〇億人だった人口は六〇〇〇年には五四〇〇万人、一万年には九〇万人になり、一万五千年には僅か一三七〇人となって、村の人口程度になってしまうのである。[57] 地球は人口増加、人口減少の両方の危険性を持っているのであり、このようなことが絶対に起こらないという保証はない。地球に人類が生存していくためには、どうしても現在の民族、国家という枠を超えて、人類共同体という意識を持って生活していかねばならないのである。その点を強調した思想家が、ヘンリー・ジョージ（Henry George）[58]であり、彼の主張した学説が世界土地共有論であった。彼は、一八七九年にProgress and Poverty（邦訳『進歩と貧困』[59]）という本を著し、「土地の私有制度は悉く国有となすべし」と主張した。

「土地は天与の賜物にして国籍の区別を問わず人種の差別を論ぜず、人類の為に最もよく利用する者に帰す。広漠なる原野を有しながら、之を利用せず、徒に雑草の生い茂るに委せるは天の意に背くのみならず、又人類一般に対する罪科なり」

新渡戸もこの説に賛同しており、植民最終の目的即ち地球の人化と人類の最高発展とを実現するには少なくとも土地に就いては、世界社会主義の実現を要すべしと考えていた。土地、一度開放せられなば、これを拓き、之を耕すに最適したる者移住土着して植民の目的を遂ぐべきと考え、次のように結論づけている。

「即ち、土地を最もよく利用する者、土地を最も深く愛する者こそ土地の主となるべけれ[60]」

広漠なる原野を有しながら之を利用せずして徒に雑草の生い茂るに委すことは問題であるという点は新渡戸も同じであった。この「世界土地共有論」は、すでに多くの学者によって論じられてきたが、新渡戸の流れを汲む川田侃氏は、次のように述べ、肯定的な評価をしている。

「新渡戸教授は植民の終局目的は地球の人化及び人類の最高発展にあるとし、この目的を実現するためには少なくとも土地に就きては世界社会主義の実現を要すべしと論じている。これは新渡戸教授の植民政策学の全体を貫く結論的な理念であったと言える[61]」

これに対して、否定的評価を下すのが浅田喬二氏である。

「世界土地共有論は、人道主義者である新渡戸の、近代帝国主義についての科学的認識の皮相性、近代植民の超歴史的・抽象的把握および近代植民のもつ民族的・政治的本質の無視にもとづく謬見である。植民の終局目的をも論じる新渡戸の植民政策論は、彼の植民論の持つ構想の雄大さと理念的次元の高さを示すものではなく、それとはまさに逆に、彼の植民政策論の持つ非現実性（空想性）、科学的理論水準の低位性、そして、論理的つめの甘さを示すものであると言える[62]」

新渡戸の植民政策論には、二十世紀初頭の植民の実態ともいうべき現実的な問題と将来の究極的な植民思想の理想の両方の点が含まれていた。この後者の方をどう評価するのかは、川田氏と浅田氏のように見解が大きく分かれているのが現状である。私は、浅田氏が非現実的と言って批判する「地球の人化」「世界土地共有論」に、むしろ新渡戸が後世に託したかった課題が含まれているのではないかと感じる。

新渡戸の思想は、現実と理想という二つの軸を有しており、現実からスタートしつつも、究極の理想というものも見据えておくという、現実と理想という二つの極を行きつ戻りつしながら、議論を展開していくというところに特質があった。そういう意味では、新渡戸の描いた植民の理想の究極の世界がどのようなものであったのかという点も視野に入れて植民政策論を理解する必要がある。

新渡戸は『植民政策講義』を次の文で結んでいる。

「思ふに、地球は五百万年後には冷たくなるであろう。国家も二万年後には大いに変化するであらう。従って、植民問題も消滅するであらう。併し乍ら政治的軍事的植民はなくなりても、精神的植民の問題は残るであらう。この問題は今後益々重大となるであらう。この精神的植民は二十世紀に発芽したる問題と言ふを得べく、何処の思想が何処を征服するかと言ふ問題である[63]」

最後に冒頭に記した「文明の伝播」という点に関して、新渡戸がどう考えていたかについてであるが、「医学の進歩と殖民発展」に次の文がある。

「殖民と云ふと唯自国の発展とのみ考へ、其国が権力の及ぶ所、其国の従来の国境以外に領土権を占める事であると云ふ様にばかり人が思って居ったが、見様に依っては殖民は文化の拡張である。文明の発展である。（中略）殖民と云ふ語を暫く学術上の立場から考へて、即ち国家とか民族を離れて之を論ずることが出来るものと思ふ。殊に私の豫て信ずる処では、殖民と云ふ事業は其目的は国家若くは民族の発展であるけれども其理想とする処は人道である。そして其基とする処は医学であり衛生であると思つて居ります[64]」

新渡戸は「植民政策講義」で人種の優劣について論じている[65]。そのところで「植民とは大体に於いては優等なる人種が劣等なる人種の土地を取ることである[66]」と述べている。新渡戸がここで言う「優等なる人種」とは、個人の才能の優劣ではなく、団体としての能力であり、国家的機関が自国民の生命財産の保全と法律制度を守ることができるかで判断されるものである。この観点からすると、新渡戸の時代、多くは西洋が優等であり、非西洋が劣等であったことになる。したがって植民は文明の伝播と考えた新渡戸にとって、それは非西洋の西洋化であり、キリスト教化への道をたどるものであった。しかし、文明の盛衰は西洋文明と東洋文明が上下を繰り返しているのであるから、いつかは非西洋から西洋へ文明が流れることを想定していたであろう。クエーカーである新渡戸にとって、究極的には国境線というものはそれほど重要ではなかったのかもしれない。新渡戸にとっての植民政策は、文明の伝播にウェイトを置く植民地人を尊重する協同主義的植民政策であった。外形的には一見、日本の拡大路線と一致するように見えるが、その内実はかなり異なっていたと考えられる。

第４節　植民における「進取の気象」の可能性

新渡戸は「植民」を「開拓」の延長線上に置いていた。開拓者は人の前に立って先導していく人であるが故に、「進取の気象」を持っている人でなければならないと新渡戸は考えていた。「開拓者精神」と「進取の気象」は表裏一体である。「進取の気象」を有する者が植民して人生を切り開き、一方、植民していく過程において「進取の気象」も磨かれるという側面もあった。新渡戸が書いたものに「開拓の困難(67)」という文章がある。開拓者は三つの困難を覚悟しないといけないという。第一は非常な労力を要するものであるということ、第二はお金を遣うので財政の困難を覚悟すること、第三は人の同情が得られないことである。人の同情を得られないとは、元来、開拓は人のいない原野で行う事業であるがゆえに、例えばオオカミの吠える声の中で開墾していくことになれば、付近に援助してくれる人は期待できない。また、山を切り開こうとすると、山林を伐ることになるので、山の神の祟りがあると言って反対する地元民がいる。このような三つの困難の中を進んでいくには開拓者精神が是非とも必要であると新渡戸は言う。自己の人生を振り返り、幼少の頃の祖父及び父の開墾事業、北海道の新開地での体験、米国の歴史、そして、台湾での開拓事業は一連の繫がったものと新渡戸は認識していた。台湾での糖業開発は、開拓の延長として位置付けられていたのである。

ここからはまず、新渡戸家に流れている開拓者精神から見ていくこととする。以下、青森の地域研究者である川口泰英氏の『荒野に町を開け』(68)から引用する。

新渡戸の祖父・伝《つとう》は、南部藩の武士であったが、曽祖父・維民《これたみ》が藩主の怒りを買い、下北半島の川内村に流されたため、伝も同行した。川内村で伝は商人となり、下北半島の木材を都会へ運ぶことで生計を支えた。その時、伝は、青森県の十和田の三本木を訪れており、この地に水を引くことが出来さえすれば、良き開墾地となると信じ、開墾に着手したのであった。三本木は奥入瀬川と砂土路川にはさまれた台地であるが、その台地は下を流れる川から三〇メートルほど高くなっているため、川の水を使って作物を作ることは不可能であった。そのため、荒野が広がり、野草が茂っているという状態であった。そこで伝は奥入瀬川の上流から支流を引き、ゆるやかな角度で三本木に流れる人工河川を作ろうとしたのである。そのためには資金が必要となる、人材もいる、藩の許可もいる、とさまざまな難関が立ちはだかった。特にトンネル工事は難航を極めた。伝は、川の水を引くことができれば、三〇〇〇石(四五〇トン)の米の生産が可能であると想定し、資金の提供者にはその土地を一定価格で譲ることを約束して資金を集めた。リーダー格になる人物を確保し、人材は東北各地から募集した。また、山を刳り貫くと山の神を怒らせることにつながるという迷信に縛られた現地の住民を説き伏せるなど、伝には時代を切り開く精神があった。一八六〇年に人工河川が完成し、稲生川と命名された。この工事は、伝の息子・十次郎に受け継がれ、難工事であったが成功裡に終わることとなる。一八七六年には、明治天皇が三本木に立ち寄られ、金一封が与えられた。このことは、新渡戸の励みになり、札幌農学校に進むことにもつながった。開拓者精神は、新渡戸家に流れるDNAでもあった。

新渡戸が札幌農学校に進んだ頃の札幌は、人口八千人未満の町で、未開拓の原野であった。札幌農学校卒業にあたって、ホイラー教頭から北海道開拓使になって何をやりたいか、第一希望、第二希望と書いて出すように申し渡された時、新渡戸は、第一希望として開墾事業（Opening up）、第二希望として作物栽培（Crops）特に甜菜栽培（Sugar Beets）と答えている。第一希望は札幌農学校設立の目的そのものであり、新渡戸は主として泥炭地改良に従事した。第二希望で甜菜の栽培をあげた点は、将来の北海道に適した作物を見抜く新渡戸の観察眼の鋭さがうかがえる。甜菜は、当時、ヨーロッパ諸国の最先端の作物であった。甜菜の導入は土地改良の促進、農業経営の合理化を推進させ、ことに酪農の発展を促し、後にデンマーク製品と競争するまでに発展した。しかし、新渡戸が札幌農学校を卒業した一八八〇年代においては、甜菜栽培は害虫がつくなど課題が多く、成功へと向かうにはまだ時間が必要であった。したがって、新渡戸は甜菜栽培には従事していない。開拓使として、石狩の生振《おやふる》に農家指導に出かけた折、そこでの農家の窮状に大きな衝撃を受け、その救済の必要を切に感じて帰って来ることになる。新渡戸はここで「農業技術者」から「農民の理解者」に変わったのではないかと指摘する人もいる。[69]いかにすれば、心身共に豊かな農民になることが出来るのか、そのためには「進取の気象」の必要性を痛感したのである。新渡戸は、「作物」の探究者から、「農民倫理」の希求者への道を歩むことになる。

次に目を転じて、十七世紀、英国から米国に植民した二つのケースを考察することとする。新渡戸は『米国建国史要』[70]を刊行しているが、英国から米国への植民は、宗教的理由が大きいが、植民者の資質として「進取の気象」を備えていたということをあげている。

第一は、一六二〇年、メイフラワー号でプリマスに行った清教徒である。彼等は、母国英国で国教会から迫害を受け、一六〇八年、オランダに渡り、そこから英国のプリマス港を経由して新大陸に渡った。第二は、ウィリアム・ペンのフィラデルフィアへの植民である。彼等は、クエーカー教徒として、英国で国教会及びカルヴァン派から迫害を受けたため、宗教的「自由」を求めて、米国への移住を敢行した。英国本土では、中等か下等の上の層が米国の植民地へ向かったのであるが、これらの人々は「進取の気象」に富み、「着実」「勤勉」で「独立」の気風を備えていた。辺境生活を送ることで、人間本来の性質を生き返らせることができ、現地での生活に適応していく力を与えられたのではないかと新渡戸は推測している(71)。

新渡戸は尊敬すべき人物として、リンカーンをあげている。幼くして両親を失い、独学で学び大統領になった人物である。リンカーンは自分で自分の人生を切り開いていく「独立」という徳を有していた。新渡戸は、札幌遠友夜学校の生徒の自治組織を「倫古龍会《リンコルン》」と命名しているが、これなどは、新渡戸がいかにリンカーンを尊敬していたかを物語るものである。リンカーンは亜米利加という新大陸でしか生まれない人物ではないかと新渡戸は述べている。人間は、環境が変わることによって、性格も変わり、成長していく場合があるのである。

他方、植民地の側はどうであろうか。新渡戸はジャワの怠惰で働かなかった原住民が、オランダ人から労働の価値を教えられたことにより、生産性を向上させ、豊かになった例をあげている(71)。原住民が先進文明から刺激を受け、感化されて、より高い文明へと昇っていく場合もあった。植民は、植民する側にも、原住民の側にも環境の変化をもたらし、それまでの人生観が一変し、よき方向へ導かれるケースもある。人類は外的境遇に応じて変化するので、植民は人類の境遇拡張につながるという認識があった。新渡戸は、植民した側の人間性の変化と原住民の側の変化が融合しながら、世界は文明化の方向へと向かっていくと考えていたのである。

結び

新渡戸の植民政策論は、多くの人の批判を浴び、問題視されてきた。人格に重きを置く新渡戸が、何故、植民に手を出したのかという疑問を有している人は少なくない。新渡戸が植民政策を展開した背景には、三つの点があげられる。第一は、世界の文明化である。限りある地球に人類が生存していくためには、あらゆる人類の英知が動員される必要があり、理想論と言われても、新渡戸には植民の終局目的は「世界土地共有論」と「地球の人化」にあった。第二は、ナショナリズムである。当時にあっては、帝国主義が世界を席捲しており、若き日の新渡戸の時代は、北海道にロシアが攻めてくるのではないかという危機感が常につきまとっていた。日本の防衛ということに始まり、植民地を持つことが経済的にも日本を守ることにつながるという考えを新渡戸が持っていたことも事実である。植民地保有にあたっては、原住民の利益にということを念頭に置いていたが、同時に日本の利益にという点も併せ持っていた点も重要である。第三は、植民により環境が変わることによって人間性もよりよい人格へと変化するという可能性を信じていた点である。植民地は自然淘汰が行われるところであり「植民地に進む者は、たとえ、失敗者にせよ、元気なお旺盛なる者であり、彼等の赴く先は生存競争の潮流極めて急激にして弱者を容るる余地なく、旧社会に於ては中位に位せる者も新開地に至れば激烈なる競争に耐ふる能はずして倒れざる者稀なり[72]」と述べている。しかし、こういう生存競争の中において、新たな芽が出てくるのである。ベルグソンの説を引用し、「人の為すことは単に自然淘汰のみにあらず、ライフ（生）なるものの中に一種微妙なる作用ありて其の境遇と感応し境遇異なるに従って変化す。内より応ふる特殊の力あり」[73]と新渡戸がベルグソンと同様の思想を持っていることを明らかにしている。新渡戸は、人類が能動的に地球を人化するだけでなく、人類が受動的に森羅万象の感化を受けることを示唆している。ダーウィンは、進化の一条件として趨異性を説き、其接触する境遇愈広ければ進化の余地も亦愈多し[74]と述べたが、新渡戸もまた、植民等の環境の変化により、人類が進化するという点に期待した一人であった。

新渡戸の思考形態では、開発の延長線上に植民があり、拡大路線を進んでいた当時の日本にあっては植民地は必要という認識であった。新渡戸にとって、植民政策は、原住民と日本との協同作業であった。問題の焦点は、新渡戸がどのような植民政策を展開したかである。新渡戸は、「支配と服従」ではない「親と子」という視点から植民政策を論じ、アダム・スミスの「子はいずれ親元を離れて独立する」という植民地独立論に理解を示していた。また、同化政策ではなく、自治政策を支持していた。これは、「独立」へのプロセスを用意することが、人間と同様、自然であり人道的だからであろう。新渡戸は、現時点で、人種間に優劣があったとしても、それは一時的なものであり、人種の優劣は逆転する可能性があると考えていた。固定的な人種的偏見は基本的には持っていなかったと思われる。

本章は、現代的視点からすると、欠けの多いと見られる新渡戸の植民政策論においても、人格論がベースにあるのではないかと主張するものである。右記の「親と子」という点に加え、甘蔗農家が糖業組合を作るなど、実現されなかったが、新渡戸の人道的とも言える政策が四つはあったということはもっと注目されて然るべきではないかと思われる。これを目に見える人格論的政策とすると、もうひとつ、隠れたものとして、糖業生産は、軽工業創出計画につながるという、バランスナショナルエコノミーという視点が新渡戸にはあったのではないかという点である。甘蔗栽培から砂糖をとることが、甘蔗農家を豊かにするのみならず、砂糖生産という軽工業を創出させ、台湾経済が農工商のバランスのとれた方向へと向かうと考えていたのではないだろうか。物質的豊かさの向こうの精神的豊かさを終局目的とする新渡戸の植民思想は、理想が背後にある。新渡戸は社会体制の変革などは主張しなかったが、その時代の枠組みの中で可能性を最大に引きのばし、「進取の気象」に着目して、社会発展を試みた人物と位置付けることができるのではないだろうか。

註

（1）大内兵衛「解説」『全集　第四巻』六四五頁。
（2）矢内原忠雄『矢内原忠雄全集　第二四巻』一三七頁。
（3）同右、七二四頁。
（4）飯沼二郎「新渡戸稲造は自由主義者か」『毎日新聞』（夕刊）八月二十六日付、毎日新聞社、一九八一年。
（5）佐藤全弘「新渡戸稲造は〈生粋の帝国主義者か〉」『毎日新聞』（夕刊）九月四日付、毎日新聞社、一九八一年。

(6) 浅田喬二『日本植民地研究史論』未来社、一九九〇年に所収。
(7) 同右、三一頁。
(8) 伊藤潔『台湾』中公文庫、一九九三年、一—六四頁。
(9) 後藤新平『国家衛生原理』朝文社、一八九八年（初出一八八九年）
(10) 黄昭堂『台湾総督府』教育社、一九八一年、八四—八九頁。
(11) 鶴見祐輔『正伝 後藤新平　第三巻』藤原書店、二〇〇五年、一九三—一九八頁。
(12) 同右、二八〇—三三五頁。
(13) 大蔵省編纂『明治大正財政史　第十九巻』「第十三編　外地財政（下）台湾の財政」財政経済学会、一九五八年。
(14) 台湾では蓬莱米が作られ、日本を支える食料基地になった。その開拓者は磯永吉（一八八六〜一九七二）を中心とする札幌農学校出身者である。磯は一九一一年に札幌農学校を卒業して渡台し、日本敗戦後も一九五七年まで台湾の農業の指導にあたった。「蓬莱米の父」とも呼ばれる。「植民地・台湾へ（蓬莱米の父と札幌系五〇〇人）」『北海道新聞』八月一日〜四日付、北海道新聞社、二〇〇七年。
(15) 『全集　第四巻』に所収。一六九—二二六頁。新渡戸は、今一度、台湾全島を巡回調査し、歴史も調べてから意見書を提出したいと述べたが、総督、民政長官より、台湾の実情を知ると目が痩せてくるのですぐに君の理想論を語るように促された。
(16) 「糖業改良意見書」一七二頁。
(17) 「台湾における糖業奨励の成績と将来」『全集　第四巻』二三七頁。（初出一九一〇年）

(18)「糖業改良意見書」二二〇―二二一頁。
(19)堀内政一「台湾における新渡戸先生」『全集　別巻一』一四四―一五〇頁。台南の李軒という老農は祖先伝来の品種にこだわり外来種を植えることに当初賛同しなかったが、台南農事試験場で外来種の優秀なるを見て、以後、率先して外来種を植えるように農民を促したため、その村全体が外来種の先進地域となった。
(20)『糖業改良意見書』二三一―二三三頁。
(21)「台湾に於ける糖業奨励の成績と将来」二四二頁。
(22)同右、二三六―二三七頁。
(23)「糖業改良意見書」二二一〇頁。
(24)「糖業改良意見書」二二一〇頁。
(25)同右、二二八頁。
(26)同右、二二九頁。
(27)中村勝己『現代世界の歴史構造』リブロポート、一九八四年、一六―一八頁。矢内原忠雄の弟子であった中村勝己は、保険以外の三つの点を指摘し、台湾農民から収奪できるだけ収奪するのは社会正義に反すると指摘している。
(28)浅田、前掲書、九七頁。
(29)矢内原忠雄は一九二九年、『帝国主義下の台湾』を出版した。独占資本主義段階としての帝国主義的特徴を備えるものであるが故に、「帝国主義下の台湾」と称すると述べている。『矢内原忠雄全集　第二巻』岩波書店、一九六三年、一八〇頁。
(30)鶴見祐輔『正伝 後藤新平 第三巻』藤原書店、二〇〇五年、巻頭言。
(31)李登輝『「武士道」解題』小学館、二〇〇三年。
(32)『認識臺灣』(歴史篇)は、李登輝政権の下で、今まで知られていなかった日本統治下の事柄を明らかにしようという試みがなされ、地理、社会、歴史の三つの分野を新しく編纂したものである。台湾の中学一年生の教科書として一九九八年から使用された。歴史篇は、先史時代から現代まで、全体で一〇章に分けて台湾の歴史を叙述しているが、日本統治時代はそのうち二章をあて、全一一六頁のうち二九頁を割いて詳述している。日本語訳は『月刊日本』一九九三年三月号 六二—七一頁、四月号 三〇—三九頁。
(33)『植民政策講義』六一頁。
(34)同右、六七—六八頁。
(35)「日本の植民」『全集 第二一巻』四八四頁。(一九一九年、英国日本協会での講演)
(36)『植民政策講義』二三頁。
(37)「農業本論」『全集 第二巻』五三九頁。
(38)同右、四二一頁。
(39)「婦人に勧めて」『全集 第一一巻』八一頁。(初出一九一〇年)
(40)「随感録」『全集 第五巻』二九二頁。(初出一九〇六年)
(41)「植民国としての日本」『日本国民』『全集 第一七巻』二三〇—二三三頁。(初出一九一二年)
(42)健康の保護とは、台湾で後藤新平が行ったペスト、コレラの撲滅、検疫所、病院等を設ける等の政策である。

(43) Flinders Petrie（一八五三〜一九四二）英国の考古学者。元来はエジプト学者であるが、古代大英帝国の歴史の研究者でもある。『植民政策講義』一七―一八頁。
(44)『植民政策講義』二四―四八頁。
(45) 米国、欧州、日本の企業が、発展途上国からカカオなどを非常に安い価格で買い取り、現地の安い労働力を使って製品を作るという構図は現代まで続いているものである。植民政策からODA等の開発援助や国際協力へと形態が変化しても、実態は搾取に近いと思われる。
(46)『植民政策講義』一五八―一六四頁。
(47) 同右、一六三頁。
(48) 同右、一六三―一六四頁。
(49) 同右、一〇一―一二一頁。
(50) 同右、一一九―一二一頁
(51) 同右、六三頁。
(52) 同右、一六七頁。
(53)「植民の終局目的」同右、三七一頁。
(54) 同右、三五七―三五八頁。
(55) 同右、四八頁。
(56)「植民の終局目的」同右、三五六―三五七頁。
(57) 同右、三六一頁。

（58）Henry George（一八三九〜一八九七）　米国の社会思想家。人々の貧困は土地の所有を許していることに起因しているとする説を展開した。
（59）ヘンリー・ジョージ　山嵜義三訳『進歩と貧困』日本経済評論社、一九九一年。
（60）「植民の終局目的」『植民政策講義』三七一頁。
（61）川田侃「国際経済」『東京大学経済学部五十年史』東京大学出版会、一九七六年、四五九頁。
（62）浅田喬二　前掲書、五九—六〇頁。
（63）『植民政策講義』一六七頁。
（64）「医学の進歩と殖民発展」『全集　第四巻』三三八—三三九頁。（初出一九一八年）
（65）『植民政策講義』一三七—一三九頁。
（66）同右、一三九頁。
（67）「開拓の困難」『人生雑感』『全集　第一〇巻』八一—八八頁。（初出一九一五年）
（68）川口泰英『荒野に町をつくれ』北方新社、二〇一六年、一七—八三頁。
（69）蝦名賢造『新渡戸稲造』新評論、一九八六年、三六—三七頁。
（70）『米国建国史要』は『全集　第四巻』に所収。
（71）『植民政策講義』一五三頁。
（72）「植民の終局目的」同右、三六〇頁。
（73）「植民の終局目的」同右、三五八頁。
（74）同右、三五九頁。

第４章　「小さき者・弱き者」を慈しむ教育思想

新渡戸の人格論が最もよく表れているのが教育思想である。新渡戸は一高、東大のようなエリートの学生だけでなく、教育を受ける機会のなかった恵まれない人々にも力を注いだ。その一つの表れが遠友夜学校である。貧しさ故に学校に行く機会を奪われた子どもたち（一部は大人）に無料で教育を提供したのである。現在の小学校、中学校に相当するが、一八九四年から一九四四年まで五〇年間、存続した。それは、日本の教育の不十分な制度の隙間を埋め、希望の灯をともし続けた五〇年間であった。遠友夜学校の先生は、札幌農学校（後の北大）の学生が担当したが、そこでは、先生と生徒という立場を超えた温かい心の交流があった。現在、塾に行く経済的余裕のない生徒に無料で教えるＮＰＯ法人の学習塾も出てきているが、新渡戸の創立した遠友夜学校から学ぶところが大きいのではないだろうか。

　また、当時、高等教育への進学が極めて限られていた女子の教育にも、新渡戸は心を砕いた。雑誌を通して自分の考えを伝えたり、東京女子大学の学長に就任する等、積極的に関与した。米国に留学し、妻もアメリカ人という境遇にあった新渡戸は、日本もいずれはアメリカのような開かれた女子教育の国になることを目指した。女性の人格に焦点をあて、良妻賢母という枠に縛られない教育を提起したところに、時代に先んじた新渡戸の教育的視点がある。

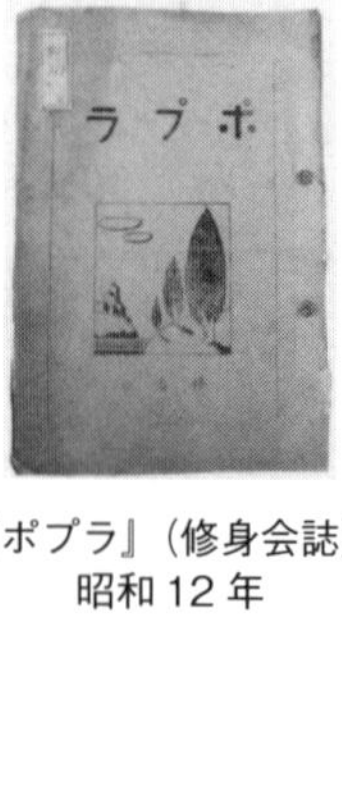

『ポプラ』（修身会誌）
昭和 12 年

『遠友魂』（倫古龍会誌）
昭和５年

札幌遠友夜学校校舎

（北海道新聞社『思い出の遠友夜学校』口絵）

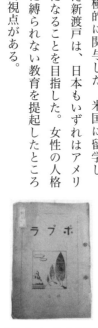

はじめに

第4章は、教育思想とその実践を扱うこととする。新渡戸はさまざまな分野で活躍したが、一番安定した高い評価を受けているのが教育の分野である。新渡戸が関わった教育の分野は次の四つである。

（1）男子の教育
札幌農学校教授、京都帝国大学教授、第一高等学校校長、東京帝国大学教授
（2）女子の教育
東京女子大学学長
（3）学校に行く機会のなかった青少年の教育
札幌遠友夜学校の創立
（4）雑誌による教育
『修養』『世渡りの道』『自警』『婦人に勧めて』等、出版物を発行

新渡戸の後継者の多くは（1）から出ており、第二次世界大戦後の日本の教育界をリードするのであるが、本章では、新渡戸が生きた時代、あまりウェイトが置かれなかった（2）と（3）を主に扱うこ

ととする。（2）については、男女の間に教育の格差があった時代、「人格」に着目して男女平等の教育理念を貫いたことは画期的であった。（3）については、新渡戸は多くの学校に関わったが、自分自身が建てたのは札幌遠友夜学校だけであり、そこでは新渡戸の「人格論」が最も反映していたと思われる。（1）と（4）に関しても新渡戸の「人格論」が貫かれており、本章の「結び」のところで取り上げることとする。

第1節で扱う「札幌遠友夜学校[1]」は、学校教育を受ける機会に恵まれなかった人達のために、新渡戸夫妻が自らの費用で建てた夜間学校である。一八九四年から一九四四年まで存続し、最初は初等教育（小学校）、後には中等教育までの課程を無料で提供し続けた。夜間学校の教師となったのは、札幌農学校（後の北大）の学生たちであり、彼等の無償の協力がなければ成り立たない学校であった。学校教育体制外での授業料無料というのは、日本教育史の中でも極めて珍しいとされる。無償ということに加え、遠友夜学校の教育方針が知識の注入を主眼とせず、人格を形成することにあったことは、日本教育史上、特筆すべきことであった。

第2節は女子教育を扱うこととする。新渡戸が生きた時代、日本の女子教育は男子に比べ、相当遅れていた。特に高等教育の分野は、男子には高等学校、大学への道が開かれていたが、女子は、国立では高等師範学校が東京と奈良に二校あるのみで、あとは私立学校（女子英学塾、日本女子大学校、東京女子大など）の働きに頼るしかなかった。

それらの高等教育の学校は、年齢的には男子の高等学校に相当するものであり、帝国大学への道はごくわずかの女性に例外的に開かれただけにすぎなかった。[2] したがって、大学教育を受けたいのであれば必然的に女子は海外に留学するしか道はなかった。新渡戸が女子の高等教育の必要性を説いたのは次の二つの点からであった。一つは、女子の能力の開発であり、もう一つは、もし夫が亡くなった場合、高度な職業に就くためには高等教育を終えている必要があったからである。また、女子教育論の展開は、良妻賢母に対してどういうスタンスをとるかということも大きな課題であった。良妻賢母に対する賛成反対論が渦巻く中で、新渡戸は、良妻賢母という型にはめた教育ではなく、人格を形成することに重きを置き、女性を一人の独立した人間として育てることの重要性を説いた。新渡戸が東京女子大学の学長になる頃、良妻賢母主義を堅持すべきという考えは依然根強いものがあったが、それに対する反対論として、平塚雷鳥に代表される「新しい女」も社会で顕在化しつつあった。新渡戸が女子教育論を展開した一九一〇年代は時代の変わり目であり、古き時代から新しい時代に突入する頃であった。そういう時期に人格主義という、より高次の目標を提示したことは日本教育史に残る画期的なことであった。

第1節　札幌遠友夜学校

Ⅰ　沿革

新渡戸は、札幌農学校卒業後、開拓使として北海道の石狩の生振に農家指導に出かけた時、生活が安定せず、すさんだ生活をしている農民の実態に接し、彼らを貧窮から救うことが最大の課題であると感じた。その後、二〇代のアメリカ留学中に、次のような構想を抱くようになる。(3)

（ⅰ）老人あるいは成人を対象とし、講義は日本語をもって歴史、経済学、農学及び自然科学を学ぶ学校。

（ⅱ）専門学校や大学の入学準備を希望しても予備校に正規に出席できない青少年に対する学校。

（ⅲ）貧しい両親を持った粗野な子どもたちや日雇い労働者などの子弟に対する夜学校で、日本語の初歩、英語少々、算数を教える。もし、これらの学校に女子部を併設するならば、刺繍、裁縫、編み物、英語及び国文学の勉強をする学校。

新渡戸は、札幌を学園都市にする構想を抱いており、エジンバラのような都市にすることが夢であった。アメリカ留学中にこのような野望ともいうべき夢を抱き、（iii）に関しては遠友夜学校を開設したところに、新渡戸の夢の実現がある。「学問より実行」を座右の銘としていた新渡戸であるが、こういったところにその実行力を垣間見ることができる。

遠友夜学校の設立は一八九四年一月であるが、その後、メリーの実家から千ドルという大金が届き、向かいの広い土地を購入しての本格的活動が始まった。そのお金は彼女の実家で娘同様に育てられた孤児の女性が、老齢となるまでコツコツ貯めたお金をメリーに遺贈したものであった。その一部がメリーの計らいにより新渡戸夫妻に送られてきたのであった。[4] 新渡戸夫妻はどういうことに使うべきかを考えたが、新渡戸の若い頃からの夢であった恵まれない人たちのために学校に使うことに決めた。

遠友という名前の由来は、論語の「有朋自遠方来不亦楽乎」から来ている。[5]「名を知らず國を知らずとも心と心が合へば之即ち友達である。友達とは名を知るのが条件ではなく心が合へばいいのである。（中略）人間の楽しみは何といっても氣の合ふ人に會ふことである」[6] と新渡戸は言っている。ここでは新渡戸の重要な教育方針である「社交」を全面に出した教育が展開された。当時、勉強したくてもその機会に恵まれない人たちが志を同じくして学校に集まり、自発的に勉強するのは本当に楽しいことであったに違いない。もうひとつの校名の由来は、遠友の遠を、遠益（トーマス）からとっているということである。[7] 遠益は、出産後、一週間で亡くなった新渡戸夫妻の一人息子であった。その心痛は二〇年間、癒されることがなかったと新渡戸は述懐している。遠友夜学校を始めるにあたって、新渡戸夫妻は自分の子供への愛を遠友の子供たちに注ごうとしたと考えられる。

一八九四年、遠友夜学校が創立された当時、北海道の小学校の就学率は、男子が五六％、女子が三四％であった。特に女子の就学率が低く、三人に二人が小学校に行っていない計算になる。字が読めないと新聞が読めない、本も読めないということになり、人生で得られる知識が極めて限られてくる。それ故に自暴自棄の生活になるとか、展望の開けないまま人生を送るということになりかねない。遠友夜学校は、そうならないように、まずは、字が読めるようになることを目指してスタートしたのであった。

開設当時は、尋常科において、読書、作文、習字、算術、修身などを教え、高等科においては、地理、歴史、理科などの科目を設置していた。一九二一年（大正十年）には、大正デモクラシーの影響もあり、より一層の教育水準の上昇を望む声が強くなり、初等教育の高等科から中等科へと発展していった。一九二八年（昭和三年）には「自由講座」が毎月二回開かれるようになり、普段の学科目に欠けている音楽、美術、文学などが加えられた。

男女別学が普通だった当時、遠友夜学校が男女共学だったことは、画期的であった。実際、男女別学にするのは教室のスペースの関係で無理だったこともある。また、最初は女子を教える女性の先生がおらず、男女別学は人材的に難しかった。しかし、遠友夜学校が拡大していった大正時代には、男女別学にしようと思えばできる環境にあったと思われる。しかし、一貫して男女共学を続けたところに教育的意図があった。年齢、職業が違い、男女のバラエティに富む生徒同士が交流することで学びの場が広がると新渡戸は考えたのである。最初の尋常科のクラスは七歳から三十四歳までの男女が学んでいた。共学によって何となく柔らかい雰囲気が漂い、各クラスで今日のホームルームのような活動も自治的に行われたという。また、男女間で学力差をつけないで教えるという点も重要であった。旧制中学と高等女学校では、使用している教科書が違うということは当時よくあることであった。女子は男子ほどの教育水準が求められず、教育水準も一ランク下で可という時代であった。しかし、遠友夜学校での英語の教本は、当時の男子中学校で用いていたニュークラウンリーダーだった。男女差を設けないで教育したところに、新渡戸の男女平等の理念がある。

遠友夜学校は勉強を教えるだけではなく、特別活動にも力を入れた。春は運動会、夏は海水浴、秋は登山、学芸会、お正月はカルタ会などがあり、また、毎月、合唱の練習が行われ、弁論部などのクラブ活動もなされていた。こういう行事は、人間性の陶冶には欠かすことのできないものであり、また、社会に溶け込む訓練にもなった。

「遠友夜学校」は「遠遊野学校」とも呼ばれるほど、自然の中に生徒を連れ出していった。定山渓への遠足、夏の海水浴、そして満月の夜の月見など、自然との触れ合いを大切にした。その点、北海道という地が自然環境に富んでいるということは人格の陶冶にプラスに作用したと思われる。新渡戸がクエーカーで、自然の中に、Great Law（大いなる法則）を見出したことは知られているが、神を発見するという体験を生徒にもさせたいという願望があったに違いない。生徒の自治活動にも重きを置き、男子は倫古龍会、女子は菫会というものを組織させた。新渡戸がリンカーンを尊敬したことからそういう名称がついたのであるが、男女あわせての会で、リンカーンについて講義した時もある。

新渡戸は死去する一年前、遠友夜学校を訪れ、次のような講演を行っている。

「本校の始めて出来た時の心持を一口に云へば犠牲と云ふべきである。メリー家の孤児が金を貯めたのも敢て本校の為でなかったかもしれないが、食べたいものも犠牲にして貯めたのだ。又、家内も二千圓で着物を買へば立派なものが買へるのを学校の為だと思ひ、我慢して出した。又、此處においでの先生も外の事で時を過せば過せるのに皆様の為に何かお務が出来るかと来て下さる。又、寄附をせられる方々も額の如何を問はず使ひ道がある金を出す世の中は美しい。自分一個の為のみでは世の中は存在しない。人の為と思へばこそ嬉しい。故に此の学校の関係者の心も考へ親達の意を考へ、即ち遠友の意を考へ、若い中にも学校の内でも自分の出来る事なら人の為にする、（中略）唯に本を読み算術をするのが学校の仕事だと思はず、人格を養成し明るい気分の人を養ふ事が目的である(8)」

遠友夜学校の先生は、札幌農学校、後の北海道帝国大学の学生であった。学生は教える知識はあったが、教員としての資格は持っておらず、経験もなかった。新渡戸は、学校を始めるにあたり、先生を頼んだが、学問が出来るかどうかを基準にして頼んだのではなかった。生徒と友達になれる人、遠友になれる人、子どもをかわいがる人、人と会って明るい気持ちで親切に接してくれる人を先生に選んだという。

遠友夜学校は、昭和十年代に入り、生徒数が激減していった。その理由としては、まず、義務教育が普及したことがあげられる。また、資格のとれない遠友夜学校を避け、資格が得られる公立の夜間小学校、夜間中学校へとシフトしていったことも大きい。太平洋戦争開戦後は、戦局の逼迫とともに学徒動員が強行され、教師のいない遠友夜学校は閉鎖同然となった。そこへ、遠友夜学校が軍事教練を拒否したという決定的要因が加わり、一九四四年、閉鎖を余儀なくされたのであった。[9]

II　遠友夜学校が日本の教育制度の中に占める位置

明治新政府は、富国強兵、殖産興業政策とあいまって、教育振興に力を注ぎ、一八七二年（明治五年）に「学制」を頒布した。わが国に近代学校制度を取り入れるべく、欧米先進国に伍する中央集権国家の形成を目指したのである。[10] 学制頒布以後における教育行政の課題は、就学率の向上にあった。小学校の就学率は、明治六年、男子が三九・九％、女子が一五・一％であったが、明治二十年代に入ると男子が六〇％を超え、女子も三〇％台に達している。遠友夜学校が創立された明治二十七年（一八九四年）の就学率は、男子七六％、女子四四％であった。（学制八〇年史による）同年、北海道の就学率が男子五六％、女子三四％であったことを考えると、北海道が全国平均を下回っていたことがわかる。学びたいという児童・生徒がおり、しかし、働かねばならないという生活環境を満たすには、夜学しかない。夜学は、当時、だいたい午後六時から始まっていたが、遠友は、やや遅く六時半からスタートし、九時一五分に終わっていた。

遠友夜学校がまず取り組んだのは「文盲」の絶滅である。「読み」「書き」を身につけさせるのは、生きていく上で基本的なことである。字が読めない生徒たちの将来の職業には限界があり人生観を確立することもできない。「自活的精神」を確立するには、どうしても言語リテラシーが必要であった。学校が徐々に整ってきた一八九七年の遠友では、尋常科（四年）に「読書」「作文」「習字」「算術」「唱歌」の五科目を設置し、高等科（四年）には、それ以外に「地理」「歴史」「理科」を置いている。しかし、大正時代に入ると、時代の要請から、もっと高い教養が求められ、中学校程度の学力を身につけたいという生徒のニーズが強くなる。一八九五年に初めて北海道庁立中学校の設置をみた中学校教育の後進地・北海道では、一九一〇年に至っても男子の中等教育機関の数は一二と少なく、一九一〇年代を通しても六校が新設されただけであった。当時の北海道は、入学試験の倍率の高さで入学志願者が苦しみ、一方、社会全体が中等学歴を持つ者の不足にあえいでいるという状況であった。[11] 官公庁では、中等教育程度の学力が必要とされるポストが増え、企業においても、社会の高度化と共に中等教育の教養が求められる時代となっていた。そういう中にあって官公庁では、自前で設置する事例があいつぎ、北海道庁では一八九五年に札幌夜学校（修業年限二年）を設置、官公庁以外でも、一九一二年には本願寺別院内に北海夜学校（修業年限三年）、一九一七年には日本基督教団北辰教会内に札幌青年会夜学校（修業年限三年）が誕生している。これらの学校は、私塾、予備校の一種といった程度の社会的評価であったが、中学校に進学できない青少年たちの多くが入学を希望した。生徒たちは昼間は働き、夜学校に午後六時から三時間ほど通っていた。当時の夜学校は設備も悪く、先生も少なく、したがって教育内容も極めて低いものであった。このように、一九一〇年代の札幌では中学校の社会的機能の一部を代替するさまざまな学校が誕生し、「貧者の中等教育」とでも称すべき学習機会を創出していた。そうした状況の中で、一九二一年に遠友夜学校が中等部（修業年限三年、補修科一年、総定員二五〇名）を設置したのは実に画期的であった。初年度は、内部進学者三〇名に加え、外部から四〇名を募集するにあたり、志願者一一五名に入学試験を行うという盛況ぶりであった。[12]五〇年の遠友の歴史の中で、この大正期がピークであった。

私立の夜学校である遠友夜学校の特色は、学費が無料であったことである。私立の夜学校の場合、どうしても教師への謝礼などの経費が生じるため、ある程度の授業料が発生するのが普通である。この点、遠友夜学校はいかにして学費無料を実現し、また、それを維持できたのであろうか。学費無料を可能にしたのは、教師である学生が謝礼を受け取らなかったこと、新渡戸の志に賛同する多くの人が寄付に応じたからであった。一九一一年、遠友夜学校が安定した学校経営をしているとして、内務省及び北海道庁から補助金が交付されるようになり、一九一三年には札幌区（後の札幌市）からも社会事業施設として認められ、一九一六年には北海道庁から各種学校として認可を受けるに至った。法律的には一九一一年に工場法が制定され、学齢期の生徒の雇用に制限が設けられた。（実施は一九一六年）夜間学校に通わせることで労使双方の妥協を図った点が、公的機関からの補助金の背後にはあったと思われる。新渡戸も、遠友夜学校の維持に、毎年六〇〇円程度の寄付は続けていた。生徒数が増えるに従い、校舎の維持費用、建て替えの必要に迫られ、補助金を受けなければやっていけないほどの規模になっていた。

しかし、そういう公的資金を受給しても、学費無料を続けるのは簡単なことではなかった。遠足などの交通費がない児童生徒には、学生が貧しいポケットマネーの中から与えていたケースもあり、まさに、慈善の精神に満ちた学校であった。中等教育を実施した一九二一年頃の遠友夜学校は、札幌市内でも志願者を多数抱える有名な夜学校に発展していた。

しかしながら、私立であり、教員免許を持っていない学生が教える遠友夜学校では、卒業の資格が得られなかった。例外的に、遠友夜学校の中等科の卒業生を北海学園が四年生に編入の措置をとってくれたことで中学校卒業の資格を得て、北大予科、北大と高等教育を受ける恩恵に与った者が若干名いる。また、専検を受験し、中学、高等女学校の資格をとり、上に進学した生徒もいる。遠友の卒業生は初等部・中等部合わせて一一六七名にのぼるが、そのほとんどは遠友で学んだだけで社会に巣立っていっている。中途退学者を含めると約六〇〇〇人が遠友に学んでいるが、遠友の児童、生徒たちは、「資格」という点を抜きにして、勉学に励んでいた。昼間の仕事があった遠友の児童、生徒たちは何故、遠友に通い続けようとしたのであろうか。それは遠友が楽しく、先生から教えを受ける喜び、生徒同士の交わり、学校行事による充実感などで満たされていたからであろう。(13) 新渡戸の教育方針とも関わるが、教育の目的は職業に就くことだけでなく、人格の育成にあるとする教育が遠友でなされていたからだと思われる。以下、その点を考察することとする。

新渡戸は、教育の目的をどこに置いていたのか。一九〇七年に刊行された『随想録』の中に「教育の目的(14)」という文章がある。その中で五つの事柄を指摘している。

第一は、「職業のための教育」である。日本に於ては職業を得るために教育を受ける者が多い。百中の九十九まではこれに該当する。しかし、貧しい家庭では、子どもを学校にやる余裕はない。そこをなんとかして、親を説得して子どもを学校に行かせるように仕向けるのが課題である。今は授業料がかかるが、将来、その技術を活かすことで学校に行かなかった者よりも高い賃金を得ることができる、そういう風潮を作ることが必要であると新渡戸は言っている。また、職業学校で学んでいるうちに、もっと世間から評価される職業に就きたいと思う者もいる。教育は「各自が心に存する力を発達せしむるのが本来の目的である」がゆえに、どの道を選択するのも自由であるという道を残しておかねばならない。ここに、最初は職業教育で始まった教育が、もっと広い意味を持つ可能性が出てくる。

第二は、「道楽のための教育」である。学問は辛い、苦しいと一般には思われている。確かに、学問は骨を折らずに出来るものではないが、学問は楽しいという観念を与えたいと新渡戸は言う。日本の小学校の教授法は、先生が一段高いところから命令的に教える。生徒は威圧されて教育を受ける。もし、学校における教育の改良法が急に出来ぬようであれば、せめて子供が家庭にいる間でも知識が面白くその頭脳に注入されるようにしたい。願わくは、教育は面白いものであるという観念を持たせたいと新渡戸は言っている。

第三は、「装飾のための学問」である。同じ議論をしていても、ちょっと古歌を入れてみると、装飾がきいて幅の広い文章になる。新渡戸の著書には実に歌が多い。その他、さりげなく英詩や漢詩を入れている。そのことで、本文で述べられていることが時代を超え、国を超えて、普遍性を有するのである。歌や漢詩は、感性に訴えかけてくるものがあり、感動の余韻がいつまでも残ることとなる。

第四は、「真理の研究」である。真理の研究は教育の本来の目的であると思われるが、日本においては、このことがあまり行われていない。大学などでも、ある程度まで真理を探究した人が、世間の評価や俸給に目がくらみ、高いポストに就いて真理の探究を中途半端にしていると新渡戸は嘆いている。真理の探究が学問の目的として重要な位置を占めるが、新渡戸はそれ以上に大切な目的があるとして次の事をあげる。

第五は、「人格を高尚にすること」である。新渡戸は言う。「ただ、専門の学に汲々としているばかりで、変屈で、いわゆる学者めいた人間を造るのではなく、総ての点に円満な人間を造ることを第一の目的にすることである。人間には智識あり、愛情あり、その他、何から何まで具備しているのであるから、真理の探究だけでは人生を完うしたということは出来ない。何でもやれるという、いわゆる何事に就いても何か知ることが必要である。これは教育の最大の目的であって、こうして円満な教育が出来る。ここに至って、人格もまた初めて備わってくるのである。我々は決して孤立の人間になってはならぬ。社会の活ける一部分とならねばならぬ。人間、相持ち持たれつするのが人間最上の天職である。人間をソシアスとして教育することが、最も必要なりと確信する[15]」

そして、自分がもし、ある人物を教育するとしたら、どういう人間を造るのか、大きく三つあると新渡戸は指摘している。

(1) ただ、国家のためだけに尽す人間を作る教育

(2) 理屈ばかりを詰め込んで、少しも人間の柔らかいところのない、人格の養成などをしないところの教育

(3) 人格的な高尚なる人物を作る教育

以上の新渡戸の教育論から汲み取る事ができるのは、知識の注入だけではない幅広い人間関係を有した人間味のある教育である。遠友夜学校の生徒たちは知識面では劣っていたが、人間味の溢れる社交性

に富んだ人達であり、それこそ、新渡戸が目指していた人格教育であった。

Ⅲ　遠友夜学校を支えた精神

（1）札幌農学校の精神と通底するもの

遠友夜学校は、教師が札幌農学校の学生であったため、札幌農学校の精神から流れ出るものを継承していた。それは、クラークによってもたらされた「民主主義に基づく人間教育」であった。クラークが去る時に少年たちに残した言葉、"Boys, be ambitious"を後の北海道大学は次のように解釈している。

「金銭や私利私欲や人が名声と呼ぶようなはかないものに対してでなく、知識や正義、人々の向上のために、そして人としてあるべき究極の姿に到達できるように、少年よ、大志を抱け」というものであった。（『北海道帝国大学略史』一九一五年）

札幌農学校に学び、遠友夜学校の代表を務めた有島武郎[16]は、学生教師だった一八九八年（明治三十一年）に遠友夜学校の校歌を作詞している。遠友夜学校の校歌は、九番まであり、一番、五番、九番がよく歌われるが、五番の歌詞には「正義と善のために献身し、無欲に勇ましく真心のままに行くべき道を進むときこそ、楽しみの極みである」とある。有島は、当時の風潮であった立身出世や私利私欲の充足ではなく、知識、正義、社会への奉仕や人格の完成を人生の目標とすることの尊さを青年の生き方の指針として教育していた。この精神は、新渡戸が日頃遠友で語っていた「人生の目的は地位や名声を得ることでなく、心豊かな人間として完成することにある」を継承したものであった。

(2) 実学の重視

新渡戸は「センモンセンスよりはコモンセンス」とよく言っており、狭い専門家ではなく、幅広い常識人の養成を目指した。遠友夜学校はコモンセンス形成に重要な読み書き等の実学に重点を置いた教育であった。実学の重視の背景には、遠友特有の事情が存在していた。それは、教育の初歩的段階にも達していない生徒に、いかに自活的精神を伝授するかという教育であった。字が読めない、書けないという生徒には、第一に、「読み」「書き」「話す」という日本語リテラシーの習熟に力を入れた。第二は、日常生活に欠かせない技術（看護・裁縫・調理、各種作業）の習得である。第三は、礼儀、協調精神などを身につけさせ、社会に出ても通用する人間性を造ることである。

第一の点に関しては、遠友の生徒たちは教師のすぐれた文章を「読み」、自ら「書く」ことで日本語の力を身につけていった。同時に習字も学んだ。生徒たちの書いた文章を見ると、筆で真心のこもった文章を書いているのがよくわかる。手紙の形態で記したものが多いのは、日常よく使うのが手紙という形態だったからであろう。「話す」能力の育成において大きな役割を果たしたのは、中等部男子による倫古龍会である。この会では、活動の一環に弁論を取り入れ、生徒たちの「話す」訓練をしていた。札幌・石川管内で毎年開催されていた中学校の弁論大会に参加し、何回も優勝の栄誉に輝いた。「話す」

能力の育成は欧米では重視されているが、新渡戸が海外でスピーチの重要性を感じ、それを実践したとも考えられる。遠友の元教師、元生徒が綴る『思い出の遠友夜学校』を読んでいると、元教師と元生徒の文章は、一読しただけで、どちらだったかがわかるほど差がある。しかし、「話す」能力に関しては、生徒はかなりの水準に達していたと思われる。第三の礼儀、協調精神などは、社会での適応の訓練という点で極めて重要である。肘をつくな、鼻をすするなという初歩的な礼儀から新渡戸は教えた。私が話を伺った元遠友夜学校の生徒（当時八十八歳）は、小学校でいじめにあって、休み時間を一人で過ごしていたが、遠友に入り、遠足や海水浴などの行事を通して、人との交わりを学んだという。[17]「遠友で勉強したという記憶はあまりないが、担任の先生が藻岩山や銭函など、遠足や海水浴で連れていってくれた場所のことはよく覚えている」と言われた。それらの場所は、後に知り合った人を連れていく場所となり、人間関係づくりに非常に役立ったそうである。遠友で学んだ社交性が人生の基盤となったと語る卒業生は多い。

（3）慈愛を根底にした教育

遠友夜学校は、経済的に貧困で義務教育の機会が与えられていない子どもたちや大人たちに無償で教育の場を提供しようとするヒューマニズムの精神から設立された。新渡戸がそういう学校を創ったのは、自らの信仰の成立過程で学んだ、貧しい人たちに愛を施す教育を実践したかったからであるが、遠友ではキリスト教の教育は施しておらず、精神基盤は、日本人にもよくわかる慈愛であった。新渡戸は遠友夜学校ではキリスト教の話はしない方が無難であると考えていた。キリスト教に対する警戒心から入学を躊躇する児童・生徒を出さないための配慮であった。私が遠友の卒業生から聞いたところでも、キリスト教は一切習わなかった、聖書も開かなかったという。しかし、それに代わるものとして、新渡戸はキリスト教と同様の精神を伝えたいとの思いで、リンカーンの話をしている。リンカーンの"With malice toward none, With charity for all"「何人に対しても悪意を抱かず、すべての人に慈愛を持って」という文を扁額に書いて、壁に掲げた。リンカーンは奴隷制度廃止をスローガンに南北戦争を戦い、人権思想を徹底させようとしたため、敵も多かった。リンカーンはその敵に対して、悪意を抱くことなく接したのであるが、この精神はキリストに通じるものであった。山上の垂訓でイエスが説いた「敵を愛し、自分を迫害する者のために祈りなさい」（『マタイ』五章四四節）を念頭に置いて、リンカーンは語っていたと思われる。したがって、遠友夜学校でキリストという言葉は使わなくとも、その精神はリンカーンを通して伝えていたのである。罪を恥という言葉に置き換え、十字架を犠牲という精神で説明するなど、遠友においても、新渡戸はキリスト教精神を日本人に身近な言葉で説明しようと試みたのであった。

Ⅳ　遠友夜学校が与えた影響

遠友夜学校は、教育環境が十分に整わなくても、また、家庭環境に恵まれなくても、ここまでできるという一つのモデルを提示した。遠友という場に生徒として学んだ者、教師として働いた者、共に精神的感化を遠友から受けている。遠友が放った光を彼等はどのように受け止めたのであろうか、記録をもとに記してみることとする。

まず、生徒の回顧談であるが、生徒たちは、遠友での生活が楽しく、そこで学んだ「心」が生涯の指針となって人生を支えたと述懐している。

「私の人生にとって遠友夜学校を知ったこと、学んだことは艱難辛苦に耐え、くじけることなく最後までやり抜いたという気迫を教えられたことである。今も万感の思いを込めて、いずれの学校より本校を卒業したことを生涯の誇りとしている(18)」

「薄暗い校舎ではありましたが、教室の中はいつも張り切った学生服の先生と、向学心に燃えた生徒が一体となって熱心に学ぶその雰囲気は、本当に明るく楽しいものでした(19)」

「遠友夜学校は、昼の中学へ進めない貧しい子たちに読み書きを教えるというだけでなく、大切な心を養う学び舎であった。先生方はご自分の青春を謳歌しながら生徒たちの夢を育てる温かい人生の師であったと思う(20)」

次に教師の回顧談であるが、教師たちは、人間関係の大切さ、教えることの難しさに接しながら、社会における愛の連帯はいかにすれば為されるのかを学んだ。

「遠友夜学校の思い出は、貧しい子どもたちに教え与えたというよりは、この仕事から学び受け取った方がはるかに多かったような気がする。そして、この短かかった経験を、その後の三〇年の人生行路にしばしば思い返して自らの力づけとした[21]」

「夜学校での経験は、私の人生の中の時間にすればわずかではあったが、形而上的には大きな力を与えてくれたと思う。人を教えることの喜びと難しさ、そして底に流れるものの価値の尊さと重要さを知ることができた[22]」

「人生は人との出会いである。特に青年時代の出会いはその人の生涯を支配する。その意味において私は札幌で学び、夜学校での出会いに感謝している[23]」

学生たちにとって、自分の勉強に加え、夜学校で教師をするということは大変な負担であったであろう。また、無給でということになると、尊い犠牲の精神が必要となる。「無報酬でいそいそとやってくる教師と、昼間の労働の疲れを癒す間もなく集う生徒らが「両者はこの学校に互いに引き合った。そして白熱を発し合ったのだ」と高倉新一郎は『札幌遠友夜学校』に記している。遠い寒い道のりを歩いて毎晩、教えてやろうという心、教えてもらいたい、習いたいという心、こんな心が遠友魂というのであろう。かけがえのない体験をした両者にとって、限られた人生の中での出会いの場としては、遠友夜学校は最高の舞台であった。

遠友で先生の経験を持つ近藤治義は、遠友の教育を次のように語っている。

「遠友夜学校の教育は、所謂「教育」という立場からいえば、軌道からそれていたのではなかろうか。「なんじ臣民……」式の教育勅語に則った国家主義の教育理念の枠の外にはみ出た極めて自由な人間教育に終始していたと思う。天賦の人間性を個性と環境に応じて自由に伸ばし育む教育、education の字義が示すように、人がそれぞれに内包するものを引き出す教育をズブの素人の大学生たちが試みたのである(24)」

教師は全て大学生であるから知識に関しては優秀であったに違いないが、教育の技術方法に至っては未熟で無資格であった。ただ、児童たちに教師の方から近づいて、彼らの友達になって、共に学びもするが、一緒に遊びもするといった方法をとった。――それだけのものであった。そうした先生らしくない先生に、肉親の親兄弟にもまさる親近感をもって、夜毎に職場からまたは家庭から、昼間学校に通うことの出来ない不幸な子ども達が急ぎ足にボロ校舎に集って来たのである。

近代社会における日本の教育の中における遠友夜学校的スタイルの類型的意味は、いかなるものであったのか。第一は、上から威圧的に教えるのではなく、生徒と同じ目線で教師が学び合ったという点である。第二は、不十分な設備の中、また、教えた経験のない未熟な教師という欠け多い中にあって、生徒たちが自分たちの努力でそれを補おうとしたことで学習の効果が得られたという点である。そして、第三は、人格という点に留意して教育を行ったという点である。

「新渡戸稲造夫妻の札幌に遺した、最も美しい、高貴な遺産の一粒は、このささやかな札幌遠友夜学校であった。それは新渡戸を含む札幌農学校全体の教育精神そのものの体現ともいうべきものであり、また逆に農学校全体にヒューマニズムの精神を注入することにもなった。もし札幌に遠友夜学校の一施設がなかったならば、当時無学のままに一生を終わってしまったであろう数千の人材を育成しうる機会は永久に与えられなかったであろう。また、この夜学校があることによって、この学校の教師として学生時代の重要な時間を、数百人の札幌農学校生徒、そして北海道帝国大学学生が取り組み、人生と社会に対する知識・経験を与えられ、有用な人材として世に送り出されることになっていったのであった。これらの教師と子どもたちを包容して実に半世紀にわたって、一貫して脈々と流れるヒューマニズムの精神は、いかに、この地域の教育の深層に注入されたことであろうか[25]」

明治期に開設された遠友夜学校は、五〇年にわたって、日本の教育の不十分な制度の隙間を埋め、希望の灯をともし続けたのであった。

註

（1）一般には遠友夜学校と言われるが、この学校は、一九二三年（大正十二年）に財団法人として認可されており、正式名称は「財団法人札幌遠友夜学校」である。以下、略して、遠友夜学校と表記する。

（2）東北帝国大学は明治四十三年に、黒田チカ以下三名の女子学生を入学させているが、これは、沢柳政太郎総長の特別の計らいによって許可されたものであった。

(3) 一八八五年十一月十三日、ジョンズ・ホプキンス大学に在学中、新渡戸から宮部金吾宛に送られた書簡の中にこの文章が見られる。『全集　第二二巻』二五四―二五五頁。

(4) 三上節子「札幌遠友夜学校の誕生と発展――それを支えたものは何か――」『基督教學』第五二号、北海道基督教学会編集、二〇一七年、三―一三頁。

(5) 札幌市教育委員会編『遠友夜学校』さっぽろ文庫一八、北海道新聞社、一九八一年、二七五頁。

(6) 同右、二七五―二七六頁。

(7) 三島徳三「「遠友夜学校」校名の由来と「独立教会」」『新渡戸稲造研究』第一五号、二〇〇六年、九九―一〇二頁。北海道大学農学部教授の三島徳三氏が、新渡戸の孫の加藤武子氏に依頼して新渡戸の日記を調べてもらったことから、このことがわかった。

(8) 『遠友夜学校』二七四―二七八頁。

(9) 遠友夜学校の閉鎖の理由として、二つの説がある。一つは、生徒数の激減、教師の確保の難しさが閉校へと向かわせ、閉校を自ら決断したとする説である。三上敦氏は『近代日本の夜間中学』(三二二頁)の中で自ら授業継続を放棄した学校の一つとして、遠友夜学校をあげている。もう一つの説は、遠友夜学校が「軍事教練」を拒否したことで、存続が許されなくなったという説である。戦況が傾く中、軍事教練を拒否する夜学校の存続は認められないとする札幌市等の公的圧力があったのは事実である。遠友夜学校が財団法人になっていたことから、公的援助金を受けており、このことが軍事教練を拒否することを一層難しくさせていたと思われる。筆者は後者の説を支持するものである。

(10) 石井昭示『近代の児童労働と夜間小学校』明石書店、一九九二年、三頁。

(11) 三上敦『近代の夜間中学』一二二頁。
(12) 同右、一二四頁。
(13) 遠友の雑誌『ポプラ』を読むと、きちんとした筆で立派な文章を書いている児童の作文に出会う。そして内容的にも自己反省を求めるといった精神性の高い文章もある。（北海道大学図書館所蔵）
(14) 「教育の目的」『随想録』『全集　第五巻』に所収。二〇八―二三五頁。
(15) 「教育の目的」二三二頁。
(16) 有島武郎（一八七八～一九二三）新渡戸の養父・太田時敏は、有島の父（武）の媒酌人であった。札幌農学校の学生時代、有島は新渡戸家に寄寓しながら通った。後に札幌農学校教授となり、一九〇九年から一九一四年まで遠友夜学校代表を務めた。
(17) 二〇一五年六月二十五日、遠友夜学校で学んだ山崎健作氏（一九二七～）にお話を伺った。氏は小学校卒業後、家業を継いでいたが、夜は遠友夜学校の中等部で半年間学んだ時期がある。その後、高等小学校に行き、戦後は、町内の子供会の世話人として活躍した。遠友で培った人間関係が氏の生涯を支えているとのことである。
(18) 板根寿重「遠友の卒業は生涯の誇り」『思い出の遠友夜学校』八四頁。
(19) 山崎カツエ「熱い輝き」『遠友夜学校』二四五頁。
(20) 田中捨吉「私の人生を左右した遠友夜学校」『思い出の遠友夜学校』九四頁。
(21) 加納一郎「受取超過の先生」『遠友夜学校』二〇四―二〇五頁。
(22) 宍戸昌夫「忘れ得ぬ生徒の瞳の輝き」『思い出の遠友夜学校』七五―七七頁。

(23) 小島悦吉「有島武郎とそのころの教師たち」『思い出の遠友夜学校』六三―六五頁。小島悦吉氏は当初、有島に対する印象は極めて悪かったが、遠友の仕事をすることになり有島が遠友の代表であったことを知った。有島と共に働いた人達から彼の人柄の誠実さを学び、有島に対する見方が変わったと述べている。

(24)『遠友夜学校』二一一頁。

(25) 蝦名賢造 前掲書、八二―八三頁。

第2節　女子教育

I　新渡戸と女子教育

新渡戸は、札幌農学校教授、第一高等学校校長、東京帝国大学教授等、主に男子の教育に携わったと考えられているが、女子教育にも相当深く関わっている。フレンド女学校、札幌遠友夜学校、東京女子大学学長、東京女子経済専門学校（現新渡戸学園）校長、そして恵泉女学園設立に援助の手を差し伸べている。[1]

新渡戸の女子教育への関心はすでに札幌農学校卒業の頃に芽生えているが、米国に留学し、米国女性の活躍を見るにつけ、日本の女子教育への熱意は増幅されていった。一八八五年ジョンズ・ホプキンス大学在学中に前述の遠友夜学校の構想が浮かび、その中で「女子部を併設し、刺繍、裁縫、編物、英語および国文学の勉強ができるようにする――そうした仕事は、神の栄光を世に輝かしめるための大いなる一助ともなるのではあるまいか[2]」と述べ、片時も女子教育のことが脳裏から離れなかったことがわかる。

新渡戸が米国に留学した一八八〇年代は、米国女性が社会的に活躍する時代に入っていた。米国において、女子教育の高まりを見せたのは、十九世紀後半である。それに先立つ十九世紀前半、初めて女子学生に大学への入学を許可したのは、一八三三年のオバーリン大学であった[3]。その後、南北戦争の影響により、人種間理解が女性の平等化へと進み、男女共学の州立大学が多数設立された。しかし、これらの大学は、女子学生に大学教育の機会を提供するものではあったが、履修科目の制限を設ける等、女性を男性と等しい人格として遇するものではなかった。米国で名実共に男子の大学に匹敵する女子大学と認められるのは、ヴァッサー大学（一八六五年設立）である。古典語（ラテン語とギリシア語）を組み入れたリベラルアーツ教育が施され、卒業生たちは、教育界をはじめ、医学、法学など多方面で活躍した。ヴァッサー大学は日本からの最初の女子留学生である山川捨松、永井繁子が学んだところである。その後、一八七五年にウェルズレー大学、スミス大学、一八八五年にブリンマー大学[4]が設立された。一般に一八七〇年～八〇年代は、米国女性が高等教育を受けた「第一世代」とされるが、新渡戸が留学時代に接したアメリカは、女子高等教育が高まりつつあったまさにその時代であった。

新渡戸は、万国婦人職業同盟の会長であったチャーロッテスミス夫人を訪問し、彼女の雄弁で説得力のある会話に圧倒されたという[5]。また、インドのラムバイという大学教授がインドの女性について本を書き、インドに学校を設立するための募金活動を米国で展開していることを知った。米国での女性の活躍に接して、遅れた日本の女子教育をいかに改善すべきかを新渡戸は強く意識するようになった。

新渡戸の女子教育観の根底にあったものは、キリスト教信仰であり、すべての人間は男女に関係なく神の前に平等であるという基本理念であった。新渡戸は「仏教が女性を罪多き者と軽蔑し、儒教が婦人を知的に劣っている[6]」と述べ、この面では日本の伝統思想を批判している。それゆえ、日本の男女に西洋の教育を受けさせたいと切望していた。その際、日本女性の良いところを失わずに、新しいものを取り入れようとしていたことが注目される。新渡戸は「日本の婦人見たやうに、娘時代から家にばかり引込んで居る者は、偶に人前に出る時の心得も必要であるが、米国の婦人の如く人前に出過ぎる者には、寧ろ少し出ないやうな工夫を凝らしたい(7)」と述べている。その教育方法であるが、クエーカー（フレンド派）の人達が日本人の気質に合うと考え、フィラデルフィアのクエーカーの熱心な信徒であるヘインズ夫人に次のような書簡を送っている。

「アメリカ人の中でも最高の教育と完全な信仰をもった人を日本に送って欲しい。そうすれば日本にはそれを受け入れる立派な人がいるので、その人たちが、アメリカ人から学んで知識を養うであろう(8)」

ここに日本と欧米双方の利点を取り入れた新渡戸の女子教育論が展開されている。もうすでに日本にはミッションスクールが存在していたが、それらの学校は日本人としてのアイデンティティを育てる教育を行っていないと新渡戸は考えていた。もし、フレンド派が学校をつくるならば、それは忠実なキリスト者をつくると同時に、日本人の大切にしてきた徳を兼ね備えたキリスト者をつくりあげることができるであろうと訴えた。その熱意がフレンド派の人々に伝わり一八八七年の普連土学園の創設につながったのである。

一八八八年に新渡戸は「女性の状況改良の三つの階梯」というタイトルで女性の向上を三つの段階に

分けて提唱している。[9] 第一段階は台所、第二段階は客室、第三段階は演壇である。言葉を換えれば、まず家内、次に社会、最後は政治である。新渡戸は、日本は第一段階から第二段階に進もうとしている状態で、女性の地位向上には「寛やかに実直に計画する」ことが必要であると述べている。

一八九一年には、新渡戸は「女子学生たち」というタイトルで次のように記している。

「女性の側の教育の欠如が、一般に言われているような女性の生来の劣性能力とか、社会的な低い位置づけとかによるというのではなくて、むしろ、女性の低い地位こそ更に広い高等普通教育の欠如によるものであり、この欠如は、また、武人尊重下で女性に強いられた低い身分のせいとしてよかろう[10]」

『日米関係史』は、ジョンズ・ホプキンス大学に提出した新渡戸の論文であるが、もうアメリカ留学の時点で、日本において女性が活躍できないのは、女性の能力の欠如ではなく、高等教育の欠如であるとの結論を得ていたのである。

新渡戸が帰国後、実際に女子教育にあたったのは、札幌にあるスミス女学校（一八八七年創立）である。新渡戸の他、佐藤昌介、宮部金吾等の札幌農学校の教授たちが、スミス女学校にボランティアで教えに行っている。札幌農学校の授業が終わったあと、新渡戸は、女生徒たちに英語の詩や西洋史の話をしている。当時、その生徒の中に、後に恵泉女学園を創立した河井道がいたが、「新渡戸博士の十字軍の話は手に汗を握る話だった[11]」と述懐している。

女子高等教育に関しては、一九〇〇年に女子英学塾（現　津田塾大学）が創立されたが、新渡戸は講師として度々招かれ、『武士道』について数回講義をしている。津田梅子が海外に出かけた時には、校長代理として新渡戸が挨拶するということもあった。津田梅子が亡くなった時も新渡戸が弔辞を読んでいる。

自らが学長になったのは、一九一八年に設立された東京女子大である。日本に宣教師を派遣しているミッション団体が集まって女子大学を作ろうという動きが起り、新渡戸が初代学長に推されて就任している。一九一八年から一九二三年まで東京女子大の学長の任にあったが、国際連盟の事務局次長に就任するために一九一九年には日本を離れているので、実際に東京女子大の学生に教えているのは一年余りである。

札幌農学校の教え子である森本厚吉が創立した東京女子経済専門学校にも、新渡戸は校長となって助けた。そこでは、自分が親になったつもりで教育にあたるように教師たちを指導している。晩年には恵泉女学園の創設がある。新渡戸は当初、河井道が学校を作るのに反対していたが、ついに河井の熱意に折れ、恵泉女学園設立時には自分が引受人になって一切の責任をとると一筆をしたためている。このように、新渡戸と女子教育は意外と接点が多いのである。それは当時の日本の女子教育が欧米に比べて遅れており、新渡戸が女子教育を重視していたからに他ならない。

II　近代日本の女子教育の歴史

新渡戸が一般の女性たちを対象に雑誌『婦人画報』に文章を載せ始めたのは、一九〇七年であった。その一〇年後に、それらの論説のうちから四六篇を選んで一冊にしたものが『婦人に勧めて』（一九一七年刊行）である。新渡戸が生きた時代の女子教育はどのような状況であったのであろうか。

一八九二年（明治二十五年）、巖本善治は、次のように女子教育を振り返っている。

「我国の女子教育は、前後二回の大誘惑に会ひぬ。一と度は西洋流に狂奔し、英語、舞踏、仮装となり、一と度は旧弊流に偏僻し、針箱、茶の湯、割烹となりぬ[12]」

西洋流に狂奔しというのは明治十年代後半の鹿鳴館時代のことであり、旧弊流にというのは、教育勅語以後のことである。新渡戸が生きた時代の女子教育は変動が激しく、そのあたりの事情を江戸末期から大正時代まで、四つの時期に分けて考察することとする。

（1）幕末から明治初期の女子教育論[13]——学制の発布（明治五年）と男女平等思想

明治以前の江戸時代の女性は、学問をすることが一般に好まれなかったとされている。百姓、町人、職人はその職分に精を出せばよいとされており、女性もまた、家の仕事に専念すればよいとされていた。しかし、例外的に武士階級の女性においては、学ぶことが奨励されていた。たとえば、「女実語教」には、「才あるを以てよしとす。智慧は、これ万代の宝。（中略）勤めまなばざれば才なし。（中略）才なきは草木にひとし」と論じられている。但し、女子は男子と同じ学問をするわけではなかった。男子は外に出て、師に従って学問をするが、女子は内にあって、親の教えの下で学ぶ。女子の教育目的は識字教育と人間修養である。女子はあまり広い知識を必要とするわけではなく、物知り顔に出しゃばることなく、自己自身の修養が目的であった。一般に武士階級を除くと、女性は家庭の中にあって、家庭教育による教育で十分であるとされていた。明治以前は、家の外に出て学ぶことは、女子の生涯にとってむしろ害があるとさえ考えられていたのである。

明治政府は、一八七二年（明治五年）に学制を頒布したが、明治維新当初において、すでに女子教育への関心が高かったことが窺われる。学制頒布に至る理由として次の三点があげられる。第一に、教育を重視する福沢諭吉等の進歩的知識人からの提言「男女平等思想」であり、外国文化の刺激を大きく受けた流れともいえる。学制頒布に先立つ「学制着手順序」に、「一般の女子、男子と均しく教育を被らしむべき事」とある。第二に、女子教育を推進した原動力は実学の重視であり、女子にも職分遂行のための知識が求められてくるのは自然の成り行きであった。女子教育の発想の中に男女平等と職分重視の二つのものが矛盾したままで、しかも矛盾として受け取られずに共存していた。それは、女子もまた男子と同じ人間であるが故に学校教育を受けさせるべきだという平等思想と、男子も女子も、それぞれに職分があるのでその職分を十分に果たすためには、女子も男子と同様に教育を受けさせるべきだという考え方である。これは江戸時代を通じて説かれてきた「男は外治、女は内治」ということに繋がるため、男子の外治的教養のためには、親以外の師による学校教育を必要とするが、女子の内治的教育は家庭教育で十分という結論になる。したがって、ここから直ちに女子のための学校設立への要請が出てこない。そこで、第三の要因ともいうべき「賢母賢子思想」が説得力を持つこととなる。よい子どもを育てるためには、「よい母」が必要である。そういう「よい母」とならしめるためには、女子の教育が必須となる。したがって、子女の教育に先立って女子教育に着手すべきだということになる。明治新政府が五人の少女を欧米に留学せしめた上奏書はこの見地から書かれたものであった。近代女子教育は、男女平等思想、職分思想、そして、賢母賢子思想の三つが複雑に絡み合いながら進展していったのである。

(2) 明治十年代の女子教育論——男女平等観から男女差別観への道

明治の初期は、学制頒布の太政官布告に謳いあげられているように、学問は国家の為にというよりは、個人の立身と生業の為になすべきとされ、その方針によって教育が行われた。しかし、明治十年代までは、女子就学率は低く、男子の半分にも満たない状況であった。女子の就学率が低い理由は次の点である。

(i) 学制そのものに無理があり、当時の社会の現実に即していなかったこと。
(ii) 女子の教育は家庭でなすべきであって、学校教育は女子には不要であると考えられていたこと。
(iii) 当時の小学校の教育は実学的教育が為されていなかったこと。
(iv) 男女共学の学校制度を嫌ったこと。

こうした考えを受け、一八七九年（明治十二年）には教育令が出され、その末尾には「殊に女子の為には裁縫等の科を設くべし」と付け加えられた。その翌年には改正教育令が出され、修身を重視し、婦徳の涵養を説くなど、日本古来の儒教への回帰を文部省は決めている。しかし、外務省は、日本と外国との不平等条約改正には日本の西欧化が必要とのことから、一八八三年（明治十六年）には鹿鳴館を完成させ、鹿鳴館時代が到来する。学校教育も英語の重視など西洋風の教育を施すこととなった。ミッションスクールが続々と創設されるのもこの時期である。一八八四年に東洋英和、一八八五年に頌栄、一八八七年に普連土などが創設されている。公立の東京高等女学校も西欧志向型の教育となり、英語教育に最も力を注ぎ、次に音楽、そしてダンスパーティーも開催された。「家庭科」にはわずか二時間を割いたにすぎない。当時の日本の実際の生活からかけ離れたこの西欧化教育は、国民の離反を招くこととなる。ミッションスクールは宣教師から教えられたスピリットが存在したが、西欧化をまねた公立高等女学校ではそのような精神的基盤になるものはなく、人生観を確立できなかったことで信頼を失い、保守的階層からはもっと日本的な教育を望む声が聞かれた。以後、高等女学校への進学率が逆に悪化していき、冬の時代を迎えることとなる。

（3）明治後期の女子教育論――良妻賢母主義教育の確立

一八八九年（明治二十二年）に大日本帝国憲法、一八九〇年（明治二十三年）に教育勅語が発布されると、国家を軸にした女子教育が行われるようになる。教育は国家の独立と発展の為と規定されたのである。教育勅語では「夫婦相和し」が「孝悌」に次いで大切にされた。かつてより、儒教的な女子教育では、男は外事に当たり、女は家事に重きを置く教育であったが、国家の中での女子のあり方に重点を置く教育へと移行し始めると、女子は家の中での重荷を負いつつ、国民の一員たる責任も背負わされるようになった。しかし、このことは、同時に教育が必要であるとの意識を高め、女子にも高等教育を与えるべきという動きになっていく。日清戦争で勝利した日本は、東洋の盟主、世界の強国となり、女子にも国民の一員としての愛国心が要求されるとともに、国家主義的な見地から女子教育の振興が叫ばれるようになる。華族女学校校長であった細川潤次郎は次のように述べている。

「女子教育の盛大成らざる国々は国力貧弱なり。之に反して国力富力なること、英仏独露米の如きは皆女子教育の盛んなる所なり。以て女子教育の盛んなるは、国の富強なるを証す(14)」

明治三十年代は、日本教育史上、女子教育が振興した画期的な時期であった。第一に、小学校に就学する女児が飛躍的に増加し、明治三十年（一八九七年）に五〇%だったものが、明治三十九年（一九〇六年）には九五%になり、男子とほぼ並んだ。第二に、高等女学校が増設された。明治三十年に公私立合わせて二六校だったのが、明治三十九年には一一一校となり、中等教育の充実が図られた。そして、女子の高等教育機関である女子英学塾（一九〇〇年）、日本女子大学校（一九〇一年）ができたのも明治三十年代であった。女子教育の重要性が叫ばれたこの時期に確立した女子教育論が良妻賢母であった。もともと江戸時代から良妻賢母という思想は存在していたが、国家を軸に女子教育が型にはめられて形成されたのはこの時期である。明治三十二年に出された中学校の倫理の教科書「新編・倫理教科書」

（井上哲次郎・高山樗牛共著）に「夫婦の本務」が記されている。

「一国の基礎は一家にあり、一家の基礎は夫婦にあり、是を以て夫婦の和合は、之を小にしては一家の幸福なり、之を大にしては一国の富強となる。夫婦の道は仁倫の因て生ずる所なり[15]」

夫婦の道は「国家富強の本」という考え方は、ここで初めて出てくる。そして、女子への言及が続く。

「妻は夫に比して智識才量に乏しく、常に家庭の整理を事とするを以て、（中略）夫が無理非道を言はざる限りは、成るべく従順の務を守り、能く其貞節を維持して終生苦楽を共にするの覚悟なかるべからず。（中略）夫は一家の主権者にして、妻は其輔佐者なり。二者相俟って初めて完全なる一家の生活を為し得べし[16]」

井上哲次郎は、明治三十年代だけでなく四十年代においても、国民道徳を提唱し、いわゆる家族主義的国家観をしきりに唱えるようになるが、教科書でこのように規定したことは、日本社会に大きな影響を与えることとなる。

（4）大正期の女子教育論――「新しい女」の登場

明治末から大正にかけて、良妻賢母に反対する、いわゆる「新しい女」が登場する。一九一一年（明治四十四年）は、女流文学雑誌『青踏』が創刊された年である。創刊号には「元始女性は太陽であった。真正の人であった。今、女性は月である。他に従って生き、他の光によって輝く」に始まる有名な平塚雷鳥の発刊の辞が掲載されている。『青踏』はしきたりを破る「新しい女」を社会的に宣言した。「新しい女は男の利己心の上に築かれた旧道徳や法律を破壊するばかりでなく、日に日に新たな太陽の明徳を以って（中略）新王国を創造しようとしている」と旧道徳を排斥した。平塚は、日本女子大学校在学中に、成瀬イズムに反発し、禅に心を惹かれていた。したがって彼女の関心事は、個人的、内面的色彩が強く、旧道徳に反発するものの、それを打破した後の具体的理想像が欠如していた。「新しい女」の登場は、家族制度に立脚した良妻賢母体制が強化された時期だっただけに、当人たちの意志を越えて、社会に与えた影響は少なくなかった。『青踏』が良家の高等教育を受けた女性の集まりであることもあいまって社会的耳目を集めた。『青踏』そのものは、大正五年まで刊行され、家族制度批判の方向に舵をとっていった。婦人参政権、妊娠中絶の是非等の主張は社会的な議論を巻き起こした。男性にも支持者が現れ、女性にも反対者が登場するなど社会は騒然となった。この「新しい女」に対してどういうスタンスをとるかが、新渡戸にとっても一つの大きな課題となったのである。国家による良妻賢母の押し付け、それに対する「新しい女」の動き、新渡戸の『婦人に勧めて』が発行された一九一七年（大正六年）はまさにそういう時期であった。

Ⅲ　新渡戸の女子教育への提言

新渡戸の女子教育論は、次の三点にまとめられる。第一に、女子高等教育の充実を主張した点である。男子の場合、小学校、中学校のあと、高等学校、大学と高等教育への道があったが、女子の場合、中学校に相当する高等女学校のあと、高等教育は非常に限られていた。国立では、女子高等師範が東京と奈良にあるのみであり、あとは私立の女子英学塾（現津田塾）、日本女子大学校（現日本女子大）、東京女子大等に限られていた。したがって、日本で大学教育を受けることはほぼ不可能の状態であった。女子の教育が高等女学校に留まっていることが、女子の成長が妨げられている原因であると新渡戸は見ており、女子が男子に劣るという認識は新渡戸にはなかった。もうひとつ、高等教育を重視した背景は現実的なところからきていた。それは、夫に死に別れて困っている婦人から、何か良い生活の方法がないかという相談を受けていたからである。新渡戸は言う。「かりそめにも職業という程のものは相当の修業を積まなければならない。一朝一夕にすぐ生活の助けになるものが転がっているものではない。結婚を急がずに、それ相当の学問をして、職業についてから結婚すれば、こういう場合にもよかったのではないか[17]」と述べている。

第二に、良妻賢母主義の問題点を指摘し、それを高いレベルで解消したことである。新渡戸が『女学雑誌』に投稿していた明治末から大正にかけて、良妻賢母主義堅持派及び容認派がいる一方、平塚雷鳥のような「新しい女」は、良妻賢母主義を否定し、女性としての自立を自らの生き方で示そうとしていた。新渡戸は、「新しい女」のような動きは遅かれ早かれ起こるものであり、それに対して、どのように対処するのかを考えておかねばならないと述べている。良妻賢母主義に対する賛否がうずまく中で、新渡戸が提示したのは「良妻賢母の新意義[18]」である。「良妻賢母主義は、人間を一種の型にはめ込むようなものである。日本の教育では、女性を妻、母、娘というように男の附属物のように見ている。日本の女子教育は人間教育ではない。女性は良妻賢母になる前に、良き人間になるために学ぶことである」と、いったんは良妻賢母主義を否定した。しかし、同時に新しい意味の良妻賢母を提示した。それは、「教育事業を以て夫とし、自ら教ゆる子女を我が子としたならば、肉体的結婚をせずとも良妻賢母となって、妻母たる本分を尽くすことも出来る」というものであった。又、「慈善を以て我が夫と定め、孤児を以て我が子となし、妻母たる愛情義務を中心にするのも尊い事である」と言っている。つまり、「今称えられている良妻賢母は、低く狭いが故に、良妻賢母の内容を豊富にし、意味を高尚にし、肉体以上形而上の意味に解し、形のみならず、霊的関係に用いる事に依って、初めて良妻賢母の真意義が発揮される」と説いたのである。結果的には、新渡戸は良妻賢母を一旦は否定し、新しい次元で良妻賢母を提示したことになる。最終的には精神的理解に至るという新渡戸の思想が、教育思想にも表れていると言える。そして、こういう点が、新渡戸が中庸をとったように見え、敵を作らなかったことにもつながったと思われる。新渡戸の見解は、良妻賢母に対して堅持論、容認論共に相通じる点があった。容認論の一人で、女性にまず「人になれ」と説いた教育者に成瀬仁蔵がいるが、成瀬は一人で人生を送るよりは妻になり、母になった生き方が女性の幸せにつながると考えていた。その点、結婚それ自体を相対的に見ていた新渡戸とは、女子教育の内容はやはり違ったものであったと考えられる。

第三に、謙遜の徳を備えよと説いたことである。新渡戸は、女性には二大弱点があると述べている。

（i）頭脳ができていないこと。常識が足りないこと。

（ii）虚栄心の強いこと。

（i）に関しては、女性の教育水準が高くない時代での指摘であり、現代には当てはまらないと思われる。（ii）に関しては、女学校に行く目的が虚栄心からきており、謙遜の徳を備えた人は少ないと新渡戸は述べている。こういう女性の弱点をカバーするために、感情的ではなく、もっと理知的に進歩すること、外面的でなく、もっと内面的に一身を練ることを『婦人に勧めて』の序で述べている。女性に必要なのは何よりも教育の力であると新渡戸は言う。教育者は彼女たちに人の目を気にすることなく「天を相手に世を渡れ」と教え導かなければならない。そうすることで虚栄心は消えるであろう。新渡戸は、女性の持つ「やさしい心」や「慰謝の心」を高く評価し、自分の母からいかに愛情を受けて育てられたかを思いつつ、女子教育の意義は、次の世代を形成する基となるものであると考えた。

新渡戸は、人生を縦と横の関係から説いたが、縦の関係である天との霊的交流は、女性に自由を与えるものであった。明治後半以降、国家の一部とされ、家庭の中では良妻賢母という枠にはめられた女性が、天と一対一で相対することで、自由な存在とされ、その自由の中で主体的に人生を送っていくことで女性たちは自らの価値を見出すであろうと考えた。横の関係とは、一般には社交主義を指すが、夫婦間においては平等という関係性が基本となる。聖書の冒頭の『創世記』に、まず、アダムが造られ、助け手としてイヴが造られたとあるが、聖書の人間関係の記述が親子ではなく、夫婦から始まっていることは興味深い。夫婦関係は何にも増して社会の基本であり、家庭環境がその人の人格に影響を与えることは言うまでもない。

新渡戸が女性に託したのは平和教育の担い手となることであった。「平和はまず家庭の平和から」というのが新渡戸のモットーであった。昭和三年には仙台において「家庭平和会」なるものが作られた。左記の文章は昭和四年六月十六日に行われた講演「家庭の平和」の一部である。

「家庭の平和なり、家庭の勢力なり、又凡て家庭の人間に及ぼす影響は人の心の最も深い根底、即ち潜在意識にその基礎を置いて居るものであり、人の感情の源をなすのは、始め、三、四歳の時家庭で受けるものであります。此の感情の教育は最も多く家庭で受けるものでありまして此の点から言っても家庭の平和と言う事が如何に幸福であるかをしみじみと感ずるのであります。（中略）優しい女性は一家の平和の中心であり愛情の源泉であります。子どもに対する母親の愛情、その感情の教育が如何にその子の将来に大なる働きをなすでありましょうか[19]」

女子教育は次の時代を支える子弟を教育する重要な役割を担っており、また、世界の平和とつながるものであると新渡戸は考えていた。それは、新渡戸が母・勢喜から受けた教育を彷彿とさせるものであり、妻メリーのアメリカ的、キリスト教的女性観とも符合するものであった。

結び

最後にこの章の冒頭の（1）と（4）に触れて、教育思想の結びとする。

新渡戸は札幌農学校教授、一高校長、東京帝国大学教授等、男子のエリートの育成にあたったが、この中で、教育者・新渡戸にとってピークだったのが一高校長時代である。新渡戸が一高校長に就任したのは、一九〇六年であった。日露戦争に勝利したのがその前年で、日本は欧米諸国の仲間入りを果たしたが、精神面では日本人のアイデンティティに変化が生じていた。[20] それまでは、西欧に追いつき、追い越せというスローガンに見られるように自分と日本という国家が一体であり、日本のためならば、命をも投げ出すという意識であったが、日露戦争後は、国家的アイデンティティが崩れ、国民の目指す方向がバラバラになりかけていた。特に若者は人生の意義をどこに見出していいのかがわからず、ある者は利己的に功成り名遂げる道を目指し、また、ある者は享楽的人生を謳歌しようとした。その一方で、真面目な若者は煩悶青年となり、場合によっては自ら死を選んだ青年もいた。「人生は不可解なり」という言葉を遺して華厳の滝に飛び込んだ一高生・藤村操の事件は一九〇三年に起こっているが、以後、五年間で四〇人の若者が後追い自殺をしている。東京帝国大学へと続く将来が約束された若者が自ら命を絶つというのは一般人からすると不可解であったが、それだけ悩みが深刻であった。しかし、当時の識者は、煩悶青年に対して適確な答えを出すことができなかった。こういった現象を何とかして止めるには、広い視野から若者を教育できる人物でなければならない。時の文部大臣・牧野伸顕は、『武士道』を書いて、一躍世界的に有名になっていた新渡戸に白羽の矢を当てた[21]。新渡戸は当時、京都帝国大学教授の職にあったため、一度は一高校長就任を固辞したが、最終的には了承した。

新渡戸が一高の校長になって、最初にぶつかった壁は籠城主義との対決[22]であった。一高は高い理想を持って将来の指導者にふさわしい徳義心を養うことを目的として学生を教育していた。全寮制の中で社会との接点を持たず、自分の殻に閉じこもって蛮勇を誇り、豪傑気どりで闊歩する学生もいた。新渡戸は、籠城主義の意義を認めつつも、そこには排他的で高慢心を起こしやすいなどの弊害もあることを指摘した。一九〇六年十月、校長新任の披露式で「ソシアリティ」の必要を説き、「ソシアリティ」に「社交性」という日本語を充てた。昔から教育には、知育、徳育、体育が強調されていたが、新渡戸はそれに社交性を付け加えたのである。新渡戸が望んだのは、自分の内面を見つめて修養に努めるだけでなく、教師や友人との交際を盛んにし、外の世界とも積極的に関わっていけるような、バランスのとれた人間になることであった。新渡戸は「センモンセンスよりコモンセンス」というユーモアを交えた表現をしているが、専門知識を持った職業人である前にすぐれた人格を持った人間にならなければならないとの意味である。「一般教養は教育の遠心力であり、専門教育は求心力である。両者の正しい調和のとれた協力によってはじめて、人は均衡のとれた精神形成が期待できる」と述べている。『東西相触れて』（一九二八年）の中でも、「専門家といえども狭い専門分野に閉じこもってはいけない」と強調し、日本の専門家に対して次のように警告している。

「西洋に於ける専門家は人間趣味が日本の専門家より遥に広い。ところが日本人は専門家たることを最上の誇りとし、円満な人間たることを度外視する。故に所謂学者連中の話を聞けば、僕はその方は専門ではないから知らぬと言って、専門に忠実なることを誇りとしている。換言すれば何々学の専門家であって人間ではありませんと誇るのである(23)」

新渡戸は校長として、倫理講義を受け持ち、「衣服哲学講義」「ファウスト」などを通して自己の精神遍歴を語った。これは多感な若者たちに大きな影響を与えた。森戸辰夫は新渡戸の倫理講義について「我々の血となり、肉となったのは、ある時には諧謔を交えつつ、しかし他の時には熱情に燃えつつぽつりぽつりと語りだされる先生自身の感想であった(24)」と記している。

田中耕太郎は次のように語る。

「先生の教育理想は一言にして尽くせば人間を作ることにあった。その人間は神ではなく、また法律人、政治人、経済人、技術人というように機能的な片輪の人間ではなく、それ以前に完全なる人間つまり『全人』でなければならない。それはファウストにあるような、天へのあこがれと地への執着の二つの魂の存在に悩みながら理想に向かって努力するところの人間、サーター・リザータス的「永遠の否定」を通して「永遠の肯定」に到達する人間を想定するものである(25)」

一高の校長時代、新渡戸の影響を受けた人は多い。右記の二人以外には、南原繁、矢内原忠雄、前田多門、鶴見祐輔、田島道治などがいる。矢内原は「内村先生から神を学び、新渡戸先生から人を学んだ」と述懐している。日露戦争後の日本は、ともすると悪しき個人主義がはびこり、利己的、反社会的な個人主義となる傾向にあったが、新渡戸の目指す社会は、個人を大切にしつつも、決してそういう世の中の風潮に染まった個人主義ではなかった。社交性を持ち、社会との接点を持った新渡戸の思想は、キリスト教的人道主義に支えられた西欧的教養人の目指すものであった。

新渡戸は、「自由」を重んじる自由教育家の範疇に入る。自由な教育とは、強権的画一的教育の反対語である。あらゆる生徒を予め定められた一定の型に育て上げるということは、人間の持つ自由を制約するものである。各人は何らかの善きものをその内に蔵しており、教育者としての任務はこの善きものを引き出すことである。教育者は自分の思想なり感情なりを生徒たちに無理に押し付けることなく、生徒の内なるものを育てるよう努力すべきである。こういう精神で、札幌遠友夜学校においても女子教育においても教育がなされた。

もうひとつの特徴は「悲哀」の精神があったことである。新渡戸は常に生徒の同情者であった。この同情には物質的同情と精神的同情がある。物質的同情とは、生徒の境遇に配慮して、授業料を肩代わりしたとか、自分の家に寄宿させた等のことで、物質的な面で面倒を見た生徒はかなりの数にのぼる。他方、精神的同情は、「相談」に応えるという形でなされた。当時、新渡戸に相談を持ちかけた人は相当数おり、事情が許す限り、突然の来訪者であっても応じていたが、その相談内容を匿名を条件に、通俗雑誌である『実業の日本』などに寄稿して啓蒙活動を行った。つまり、社会教育家としての新渡戸である。『修養』はベストセラーとなり、一四〇版を超えた。『世渡りの道』『自警』も多くの人に読まれた。女性を対象にした『婦人に勧めて』『一人の女』も『婦人倶楽部』等に連載されたものをまとめたものである。しかし、通俗雑誌に寄稿したことで、一高校長、東京帝国大学教授にふさわしくないという批判を同僚の教授から受けることになる。また、通俗雑誌への投稿は、ライバルの雑誌社からの不愉快な誹謗中傷に晒されることになった。東大の同僚から通俗雑誌への投稿をやめるように勧告された際、新渡戸は「もし本書にして、一人にても二人にても、落胆せんとする者に力を添え、泣く者の涙を拭い、不満の者の心をなだめ得るなら、著者望外の幸いである」[26]として投稿を続けた。『実業の日本』の発行部数は八万部、それを回し読みして一部を三人が読むとすると、二四万人の読者がいる計算になる。これらの読者層は、一部はエリート層もいたが、学校にも十分に行くことができず、立身出世もままならない青少年が多かった。つまり、自分の人生を切り開いていくことができず、自分自身及び社会に不満を抱えている人達に向かって書かれたのである。一方、エリート層の中には、人生の意義を求めて懐疑・煩悶に陥っている青年がいた。新渡戸は、まず、一日五分でも一〇分でもよいから黙思によって天との交わりを勧めた[27]。黙思によって、天と自己の関係を確立することで、人からの評価を気にすることなく、自分で目標を設定することができる。また、黙思は悲哀の感の養成にもつながると考えていた。人生は悲哀そのもの、悲哀は人生の言い知れぬ妙味と捉えることができれば、他者への思いやりも出てきて、心の涵養につながるという深い理解が新渡戸にはあった。

武田清子氏は『修養』について次のように述べている。「自からはキリスト教的人間観に立ちながら、それを表面に出さず、日本の精神的土壌になじんだ親しみのある神道、儒教、仏教などの教え、古歌などを引用し、新渡戸の人生観、人間形成論をやさしい、ユーモアのある表現で展開している。『修養』は近代日本におけるユニークな人間形成論である」[28]

『修養』が自らを修めるのに主眼を置いたのに対し、『世渡りの道』は人間交際の道を説いたものである。「人間がこの世に生まれた以上、母の胎内にある時から、いよいよ棺を蓋って穴に入るまで、終始他人の世話を受けている」[29]そして「水鳥が水中を潜りながら、なおその羽毛の濡れぬように、世の塵を被りていながら、なおその垢に染まぬ心が尊い」という表現を使って、世間との交際を説いている。「人間は孤立して存在することはできない」「人間界を離れては人は向上しない」というのが新渡戸の持論であった。また、礼節についても触れており、礼節は衷心より出たる誠意の発表であり、「人格に対して発せよ」と述べている。ここでも新渡戸は『武士道』の延長線上の議論をしていることがわかる。

『自警』は、学生よりももう少し年長の社会人に向けて書かれたもので、二つの対立する軸を与え、最終的にはそれを止揚して結論を導こうとしている点に特色がある。例えば、「人生の決勝点」[30]では、負けた時にはみすぼらしい風情に陥らず、勝った時にも尚慎みて油断なくあるべきであると述べ、最終的には、人生の決勝点は勝ち負けではなく、高き理想に置くべきであり、真の勝利者とは己に勝ち、私心なきこそ、必勝の条件であると結論づけている。これらの雑誌に連載された文章は、言葉こそ平易であれ、新渡戸が一高で教えた倫理講義『衣服哲学講義』と本質的には異ならない人格主義の視点で書かれている。一高、女子教育、遠友夜学校、雑誌の読者である恵まれぬ一般の子弟への教育活動が、使う題材こそ違え、本質的に同じことを述べているというのは、新渡戸の言葉の使用がいかに適切であったかを物語るものである。社会の上層部だけを特別扱いし、ある一定以下は職業に直接結びつけようとする教育方針も存在する中で、新渡戸の教育観は極めて斬新で時代を先取りするものであった。

註

（1）新渡戸が関わった女子教育に関しては左記の本が詳しい。
佐藤全弘「新渡戸稲造と女子教育」『新渡戸稲造の信仰と理想』教文館、一九八五年、三八一―四一三頁。
（2）「宮部金吾宛書簡」一八八五年十一月十三日『全集　第二二巻』二五五頁。
（3）坂本辰朗「津田梅子と女性の高等教育第一世代たち」『津田梅子を支えた人びと』有斐閣、二〇〇〇年、二一七―四七頁。
（4）津田梅子は二度目の留学でブリンマー大学に学んでいる。
（5）『女学雑誌』八五号、一八八七年十一月十九日刊行。
（6）『日米関係史』『全集　一七巻』五五九頁。（一八九一年初出）
（7）『婦人に勧めて』『全集　第一一巻』三一一頁。
（8）ヘインズ夫人に送った書簡がフィラデルフィアのフレンド派の機関誌『フレンズ・レヴュー』（第三九巻二号、一八八五年八月十五日発行）に掲載された。
（9）『女学雑誌』一一一号、一八八八年五月二十六日刊行。
（10）『日米関係史』五五九―五六〇頁。
（11）河井道『わたしのランターン』新教出版社、一九六八年、七〇―七一頁。

(12)巖本善治「女子教育今日の趨勢」『女学雑誌』三〇八号、一八九二年三月十二日発行。
(13)女子教育の歴史に関しては、左記の二冊を参照した。
片山清一『近代日本の女子教育』建帛社、一九八四年。
深谷昌志『良妻賢母主義の教育』黎明書房、一九九八年。
(14)細川潤次郎「国力と女子教育の関係」『大日本教育界雑誌』第一六五号、明治二十八年。
(15)「新編・倫理教科書　第二巻」五〇頁。
(16)同右、五六―五七頁。
(17)『婦人に勧めて』一九三―一九四頁。
(18)同右、七三―八〇頁。
(19)「家庭平和會に於る新渡戸稲造博士講演集(上)」『新渡戸稲造の世界　第一七号』二〇〇八年、一七三―二〇一頁。
(20)岡義武「日露戦争後における新しい世代の成長(一)」『思想』五一二　岩波書店一九六七年。
(21)草原克豪『新渡戸稲造』藤原書店、二〇一二年、二三四頁。
(22)馬場宏明『大志の系譜　一高と札幌農学校』北泉社、一九九八年、三〇九―三一〇頁。
(23)「国を開いて心を鎖す」『東西相触れて』『全集　第一巻』三六九―三七〇頁。
(24)森戸辰男「教育者としての新渡戸先生」『全集　別巻一』二九八頁。
(25)田中耕太郎「教育者としての新渡戸先生」『全集　別巻二』一四五頁。
(26)『修養』序『全集　第七巻』九頁。

(27)「黙思」『修養』三四七―三六八頁。
(28)『修養』解説、六九七頁。
(29)「世渡りの道」『全集　第八巻』序、七頁。
(30)「人生の決勝点」『自警』『全集　第七巻』五二〇―五二八頁。

結語　新渡戸稲造の人格論と社会経済思想

本稿では、第1章で人格論、第2章で農業思想、第3章で植民思想、第4章で教育思想を扱ってきたが、最後に、Ⅰ．新渡戸の思想の特質、Ⅱ．人格論から見た社会経済思想、Ⅲ．同時代的系譜の中での新渡戸の位置、について検討することとする。本稿の序において、三つの目的（①人格論を踏まえた上で政策面を論じること、②封建制の見方、③農民倫理をはじめ、人格形成に重きを置いたこと）を指摘したが、それらを含めて考察することで結語とする。

I　新渡戸の思想の特質

新渡戸は人格形成に重きを置いた思想家であった。また、内面的、霊的な人格の確立の大切さを主張し続けた教育家でもあった。それは新渡戸の育った少年期が、明治初期の道徳の崩壊していた時期と重なったことと無縁ではない。江戸時代の思想、宗教は否定され、西洋文明が怒涛の如く流入してくる中で、人間の拠って立つ基盤をどう形成するのかが大きく問われた時代であった。そういう中で、まず、新渡戸自身の人格形成は、クエーカリズムとカーライルの思想によってなされた。札幌農学校のピューリタニズムにはそれほど影響を受けず、直接、神の声を聞くという形で信仰を模索した。そして、カーライルの『衣服哲学』に影響を受け、カーライルから「本質を見る、衣服を見ない」という精神を教えられた。日本では信仰を確立できなかった新渡戸であるが、米国のクエーカーが本質だけで礼拝している姿に感動し、そこに真理を見出したのであった。そして、全人類が「内なる光」を持っているとの教えから東西両文明をつなぐ思想を新渡戸なりに探究し、神秘主義的な面を持ちつつ、自分自身の人格形成を図ったのであった。

しかし、新渡戸は、自己の人格形成のあり方を、そのまま当時の日本にあてはめようとはしなかった。ド・ラヴレーから「宗教教育のない日本で、どのようにして道徳教育がなされているか」との問いに接し、武士道の重要性に気づかされた。武士道の核である忠、義、礼の徳の中に、キリスト教の精神に近いものを感じ、良質な部分は残して、農工商に引き継いで平民道への道筋を描こうとした。

新渡戸の人格形成論が初めて登場するのは『農業本論』である。従来、『農業本論』は、農業分野の書物と考えられてきたが、農民倫理を描いた人間形成論の端緒でもあった。『武士道』（一九〇〇年）の徳目と『農業本論』（一八九八年）の中に散りばめられている徳目を比較すると、両者は接点があることがわかる。この『農業本論』と『武士道』の関係を最初に指摘したのは、住谷一彦氏（二〇一〇年）であった。新渡戸は一九〇〇年の『武士道』の出版を待たずして、「農民道」なるものを展開していたことになる。そして、それをさらに一般化したのが『修養』（一九一一年）、『世渡りの道』（一九一二年）、『自警』（一九一六年）の三部作であったと考えられる。

新渡戸の人間形成論のベースには、縦軸と横軸があるが、縦軸は天との交流、横軸は社交性が基軸となっている。横軸の社交性は、人間形成にとって欠かすことのできないものとして新渡戸は位置付けている。縦軸の天との交流は、新渡戸にとっては神との交流であるが、それを天という儒教にも通じる言葉で表現しているところに一般社会に溶け込もうとする新渡戸の特質がある。キリスト教の「罪」を武士道の「恥」で代替させ、リンカーンの「何人にも悪意を抱かず、慈愛をもって」という言葉で聖書の精神を表現したのである。そういう意味で、キリスト教の本質を伝えるのに従来から使われている語でもって表現した思想家ということになるであろう。

新渡戸は明治維新以後の新しき日本を認めつつも、封建制を全面否定せず、むしろ親近感をもって封建制を捉えている。『武士道』の第一章「道徳体系としての武士道」で次のように語っている。

「武士道を生み育てた社会条件はすでに消え果てて久しい。（中略）封建制の子である武士道は、その母なる制度より生きのびて、今なお私たちの道徳の歩む道を照らしている」

『日本土地制度論』の中に次の文がある。

「アダム・ミュラーと同様に、封建制度に高貴さを与えたものまでいっしょに消失せぬことを願うものである(1)」

ミュラーは、中世における領主と農民の間に、信頼に基づいた高貴で人格的な関係があったと考えている。ツンフト制度の親方と徒弟の間に人格的な交流があり、これが近代のマニュファクチュアでは機械のような単純労働に変質してしまったと捉えている。新渡戸の封建制の理解もミュラーに近いものがある。新渡戸は日本の封建制度を「独創的で、かつ現実的で、日本国民の天賦の活力(2)」と表現している。日本人は封建制度の下で、身分に伴う徳義上の義務を学び、勇敢な行動や大胆な偉業をなしとげる「はずみ」となった(3)。その他、日本の封建制度は平和を維持したという点も無視できない。日本ほど、破られない平和を享受した国があったであろうか(4)と感嘆の声をあげている。

封建制に対して、新渡戸が福沢や新島と同じように否定的ではなかったのは、封建社会においては、各自の役割が与えられており、忠義を大切にする日本人の特質が人間同士を強く結びつけていた点に価値を見出していたからであろう。士農工商という身分の違いがありながらも、自分の分を守り、責任を果たす社会の中に、人間同士の信頼に基づくよき精神があると考えていた。ヨーロッパ中世封建制を高く評価したミュラーや武士道を生んだ日本の封建制に理解を示したド・ラヴレーに新渡戸も共感しているが、新渡戸にとって、封建制へのアプローチは精神的であった。新渡戸は少年期を道徳が崩壊した明治初期に送ったことにより、秩序が崩壊した社会よりまだ封建制の方が安定していると考え、封建制に親近感を覚えていたとも言える。

II　人格論から見た社会経済思想

新渡戸が札幌農学校に進んだ頃の札幌は、人口八千人未満の町で、未開拓の原野であった。札幌農学校は、将来の北海道の開発にあたる有能な官吏養成の学校で、卒業後は農業に関する専門の研究を行い、拓殖行政に従事した。新渡戸が開拓使となって石狩の生振で見たものは、貧窮にあえぎ、人生を切り開く「進取の気象」の欠けた農民の姿であった。新渡戸は寒冷地における農業のあり方はいかにあるべきかを考えさせられたことであろう。この体験が、農民の人格形成へと向かわせることになり、『農業本論』における農民倫理への希求となっていく。明治期では、封建社会のように、身分が固定しているのではなく、自分の努力次第では豊かになる道は開かれていた。北海道には開拓できる土地は大きく広がっており、意欲をもって農業に携わる人間が求められていた。新渡戸は武士道の農民版とも言える

「農民道」につながる徳を『農業本論』で展開したが、それが「勤勉」「進取の気象」「自由」であった。

また、新渡戸にとって北海道の開拓の延長線上にあったのが、植民政策であった。台湾では糖業生産に取り組んだが、「糖業改良意見書」の中で「保険」「糖業組合」「農民への株の分配」「公定購入価格」という配慮がなされていることに注目したい。残念ながら台湾総督府の採択するところとはならなかったが、新渡戸の植民政策が人道的なものを含んでいたことの証左となる。また、甘蔗栽培が、農業と工業の両方にまたがり、砂糖生産という軽工業創出計画の理念が新渡戸にあったとすれば、将来を見据えた人道的な政策であったと言える。他の植民政策学者と決定的に異なるのは、新渡戸にとって植民の究極目標は文明の伝播だという点である。植民思想は、ここで新渡戸の精神世界に入り込み、植民における理想が語られるのである。「地球の人化」「世界土地共有論」がそれである。このように現実と理想を行き来しつつ植民政策を展開した点が、新渡戸の特質でもあった。その際、植民は、人間性の変革を促し、人間は環境が変わることにより新たな人格を獲得する場合があると考えていた。それが「独立心」「進取の気象」などである。

最後に教育に関してであるが、植民政策と教育との関係を、弟子の矢内原忠雄は次のように述べている。

「神が新渡戸先生を用い給もうた道は、甘蔗の品種改良より出でて、人間の改良、人間の教育を生涯の使命として与えられたものであります。新渡戸博士の事業は間口が広く、色々なことに関係せられましたけれども、先生なくして人を植える仕事、甘蔗の品種改良でなくして人間の思想の改良、精神の改良、之を新渡戸博士は生涯の事業とせられたのであります。……新渡戸博士は、教育によって日本人の思想を新しくすることに努力せられたのであります[5]」

新渡戸の教育思想は、人格論を前面に出すものであった。女子教育においても、札幌遠友夜学校においてもそうであった。小さき者、弱き者を慈しむ教育思想の展開は、新渡戸独自の人格という視点からなされたものであった。精神に開かれた人格の思想が、日本の古き伝統を維持しつつ、新しい方向へと向かおうとする人達を取り込み、日本社会の進むべき方向性を指し示した。旧き武士道の悪しき面は取り除き、その良き面を継承して、今後の日本を建設するという「武士道」の理想形態を念頭に置いて、幕末、明治、大正、昭和初期を生きた思想家・教育者が、新渡戸稲造であった。

Ⅲ　同時代的系譜の中での新渡戸の位置

新渡戸（一八六二～一九三三）が生きた幕末、明治、大正、昭和は、激動の時代であった。幕末から明治初期にかけての混乱期に少年時代を送ったが、西洋一辺倒の人間になることはなかった。また、一八九〇年の教育勅語が出される頃に、留学から日本に戻ったが、国家主義に大きく傾くこともなかった。新渡戸は国家に対する尊敬の念は持っていたが、人間の魂は国家という枠の中に閉じ込められるものではないと捉えていた。二十世紀に入り、社会主義、共産主義的勢力の伸張が日本でも見られたが、新渡戸は共産主義には反対の立場であった。それはあまりにも急激な変化は社会のひずみを生むと考えていたからである。そもそも新渡戸は所得を無理に平等にすることに意義を見出さなかった。一九一二年に刊行された『世渡りの道』では次のように言っている。(6)「仮に日本の華族富豪を総て潰して平均化しても一人五百円にしかならない。そのお金では何もできない。むしろ、大いに富める者がその資金を使って美術館や博物館などの文明的設備を作ってもらった方が社会の為になる。人間の個性に差がある限り、貧富の差が生じるのはやむをえない」新渡戸は個人の行動を縛ることなく、自由に羽を伸ばして所得を増進し、その一部を社会に還元するという社会を理想としていたのである。つまり、貧富の平均より各自の努力に社会の発展の源泉を見ていたのである。

新渡戸は「自由」を重視した思想家であった。日々、黙想をすることを勧めたが、それは自分の霊魂が天と交わることで、生きるエネルギーを与えられ、自己の方針を定めることができるからであった。人間の魂は宇宙空間において他者から支配されることなく「自由」であるという確固とした信念が新渡戸にはあった。天との交わりをした個人の魂は、この地上においては連帯して歩むこととなるが、政治的社会的には新渡戸は秩序の維持に重きを置きつつ進歩していくことを目指す思想家であった。フランス革命のような急激な変化を伴う社会変革を否定し、イギリス流の漸進的進歩主義史観を支持していた。一九二八年には「新自由主義」という言葉を使って自分の立場を説明している。(7)「新自由主義」とは、自由勝手にふるまう自由主義とは異なり、他者の自由を害しないという良識ある自由主義という意味である。政治的には、当時の無産政党運動と国家主義運動の間にあって中道を進もうとするグループによって使用された標語であった。

新渡戸は、札幌に貧しい児童・生徒がいるという状況の中で、イギリスの工場法のような法律の整備によって、子供たちを守ろうという政治的な動きは起こしていない。社会の変革には、時間がかかり、まず、自分ができる範囲から変えていこうという精神が新渡戸にはあった。新渡戸は「保守的自由主義者」、「折衷主義者」とよく言われるが、その真意は両極端の中間に自己を置き、冷静に回りを観察し、あくまでも主体性の確立ということを前提として、慎重に行動するタイプであった。一方で、急進的な革命に走りがちな人々に対しては警鐘を鳴らして着実に歩むことを勧め、他方、旧態依然として慣習に浸っている現状維持派の人々には「進取の気象」の大切さを説き、進歩的観念を注入した。

精神に開かれた人格の思想は、日本の古き伝統を維持しつつ、新しい時代の到来を告げるものであった。新渡戸は天との心の交流によって、自己の存在価値を確認し、自由なる意志を発揮することでこの世を主体的に生きていくことの重要性を周囲にわからしめた。イデオロギーによって支配されるのではなく、天との交流という、目には見えないが、ぶれない軸を大切にして人生を送っていこうとしたところに、新渡戸の斬新さがあり、堅固な基盤があったと思われる。

急速な近代化の中で、日本人が心をどこかに置き去りにしていることを危惧し、近代日本のあるべき姿として、単なるヨーロッパ精神の移植でない道を模索していた。キリスト教信仰を保持しながら、武士道的精神に良質なものを見出し、それを継承発展させ、日本的表現を用いて、その内実はキリスト教に通じる精神を、農業において、植民政策において、また、教育において展開していこうとしたのが新渡戸稲造であった。

註

（1）『日本土地制度論』一四七頁。
（2）「日本文化の講義」『全集　第一九巻』六七頁。（初出一九三二年）
（3）同右、七一頁。
（4）同右、七三頁。
（5）矢内原忠雄「内村鑑三と新渡戸稲造」『矢内原忠雄全集　第二四巻』三八八頁。
（6）「世渡りの道」『全集　第八巻』三六七―三七〇頁。
（7）一九二九年五月五日、早稲田大学での講演で述べている。「新自由主義」『内観外望』『全集　第六巻』一八七―二一三頁。

あとがき

本書は、二〇一八年九月、横浜国立大学大学院国際社会科学府経済専攻に提出した学位論文「新渡戸稲造の人格論と社会経済思想」に多少の加筆と修正を加えたものである。

新渡戸稲造の名前は学生時代から知っていたが、本格的に研究を始めたのは、ここ十年である。特に後半の数年は、博士課程に在籍し、深貝保則教授の下で、新渡戸研究一本に絞る生活を続けた。その間、盛岡先人記念館、花巻新渡戸記念館、十和田新渡戸記念館等、関連の記念館を訪ね、札幌では、遠友夜学校の跡地を見学し、在学した方にお話を伺った。新渡戸の孫弟子にあたる北海道大学の関係者の方々にもご教示をいただいた。曽祖父の新渡戸維民が流された下北半島の川内村にも足を伸ばした。下北半島に「つて」のなかった私に、元中学校の校長先生を紹介してくださったのは、新渡戸基金の藤井茂氏であった。新渡戸研究を通して、人と人の輪が広がっていくのを実感した。論文をまとめる頃には、台湾南部の高雄にある台湾糖業博物館を訪れ、担当者から詳しい説明を受けることができた。台湾での新渡戸の評価はさまざまであるが、台湾南部で私が接した人は、好意的に新渡戸を見ていたのが印象的である。

私が新渡戸研究を志す動機となったものは、冒頭に記したが、私事になるがもうひとつ、付け加えたいことがある。私は、学生時代「空手」を、教員になってからは「剣道」を習った。礼節を尊び信義を重んじる武道の教えは、「武士道」とつながる面がある。
宗教的には、十八歳の時に私はキリスト教に接し、その後、四〇年以上にわたってプロテスタント教会に通う生活を続けている。武士道につながる武道の教えとキリスト教、この両者をどう自分の中で統合するのかは、実に大きな課題である。私は修士論文で内村鑑三をとりあげたが、キリト教と武士道の連関を考察したという点では、新渡戸稲造と共通のものがある。内村はキリスト教を全面に出し、新渡戸はキリスト教に限定することなく人間形成を目指したという違いはあるが、両者共に熱心なキリスト教徒であった。植民政策を契機に新渡戸研究に入った私であるが、徐々に人間形成論へと関心がシフトしていったように思う。宗教及び武士道のよきところを人間形成に生かすということに関して両者から学んだ点は多い。

『新渡戸稲造　人格論と社会観』は、私にとって単著としては最初の本である。ここまで私を導いてくださった横浜国立大学の諸先生方、慶応義塾大学のゼミの故中村勝己先生、修士課程の指導教授であった小泉仰先生、また、元恵泉女学園園長の川田殖先生には、学問においても人生観を形成する上においても大変お世話になった。最後に、出版事情の厳しい中、刊行を快諾下さった鳥影社の百瀬精一社長に感謝を呈したい。

二〇一九年二月

谷口　稔

参考文献

Carlyle, Thomas Sartor Resartus London; Ward. Lock & Co. Limited. 1911
Müller, Adam Die Elemente der Staatskunst, Leipzig, Ulmer, 1931.（初出一八〇九）
Nitobe, Inazo Über den Japanischen Grundbesitz『新渡戸稲造全集　第二二巻』教文館、一九八六年。（初出一八九〇）
同右 "BUSHIDO : The Soul of Japan"『新渡戸稲造全集　第一二巻』（初出一九〇〇）
同右 Thoughts and Essays『新渡戸稲造全集　第一二巻』（初出一九〇七）
Whittier, John The Works of John Greenleaf Whittier7 Boston, 1892
浅田喬二『日本植民地研究史論』未来社、一九九〇年。
麻生義輝『近世日本哲学史』近藤書店、一九四二年。
粟津キヨ『光に向かって咲け——斎藤百合の生涯——』岩波新書、一九八六年。
飯島正久訳『武士道——日本人の魂』築地書館、一九九八年。
飯沼二郎「新渡戸稲造は自由主義者か」『毎日新聞（夕刊）』八月二十六日付、毎日新聞社、一九八一年。
飯野正子・亀田帛子・高橋裕子『津田梅子を支えた人々』有斐閣、二〇〇〇年。
石井昭示『近代の児童労働と夜間小学校』明石書店、一九九二年。

伊藤潔『台湾』中公文庫、一九九三年。
上田利男『夜学』人間の科学新社、一九九八年。
内川永一朗『晩年の稲造』岩手日報社、一九八三年。
内村鑑三『内村鑑三全集　第二二巻』岩波書店、一九八二年。
蝦名賢造『札幌農学校』図書出版社、一九八〇年。
同右『新渡戸稲造――日本の近代化と太平洋問題』新評論社、一九八六年。
太田雄三『〈太平洋の橋〉としての新渡戸稲造』みすず書房、一九八六年。
大山綱夫『札幌農学校とキリスト教』EDITEX、二〇一二年。
片山清一『近代日本の女子教育』建帛社、一九八四年。
柏祐賢『農学の定礎者・テーヤの生涯』富民協会、一九七五年。
川口泰英『荒野に町をつくれ』北方新社、二〇一六年。
カーライル、トマス　谷崎隆昭訳『衣服哲学』山口書店、一九八三年。
河井道『わたしのランターン』新教出版社、一九六八年。
河井道『スライディング・ドア』新教出版社、一九九五年。
河上肇『明治大正農政経済名著集第三巻』大日本農會編纂、一九七七年。
同右『日本農政学』同文館、一九〇六年。
川田侃「国際経済」『東京大学経済学部五十年史』東京大学出版会、一九七六年。
基督教共助会『森明著作集』新教出版社、一九七〇年。

草原克豪『新渡戸稲造一八六二―一九三三』藤原書店、二〇一二年。

ゲーテ、カーライル　山崎八郎訳「ゲーテ＝カーライル書簡」岩波文庫、一九四九年。

ゲーテ　登張正實訳『ヴィルヘルム・マイスターの遍歴時代』（『ゲーテ全集　第八巻』潮出版）一九八一年。

黄昭堂『台湾総督府』教育社、一九八一年。

小林政一『農政思想史の研究』農林統計協会、一九八四年。

坂口ふみ『個の誕生』岩波書店、一九九六年。

崎浦誠治「解題」『明治大正農政経済名著集⑦　農業本論』農山漁村文化協会、一九七六年。

佐古純一郎『近代日本思想史における人格観念の成立』朝文社、一九九五年。

札幌遠友夜学校創立百年記念事業会編『思い出の遠友夜学校』北海道新聞社、二〇〇六年。

札幌教育委員会文化資料室編『さっぽろ文庫一八　遠友夜学校』北海道新聞社、一九八一年。

佐藤全弘『新渡戸稲造――生涯と思想』キリスト教図書出版社、一九八〇年。

同右『新渡戸稲造の世界――人と思想と働き』教文館、一九九八年。

同右　佐藤全弘訳『武士道』教文館、二〇〇〇年。

同右『日本のこころと「武士道」』教文館、二〇〇一年。

同右『開いた心をもとめて――新渡戸稲造とキリスト教世界』新渡戸基金、二〇〇六年。

同右『新渡戸稲造と歩んだ道』教文館、二〇一六年。

同右「新渡戸稲造は〈生粋の帝国主義者〉か」『毎日新聞（夕刊）』九月四日付、毎日新聞社、一九八一年。

佐藤全弘・藤井茂『新渡戸稲造事典』教文館、二〇一三年。

佐波亘編『植村正久と其の時代』教文館、一九六六年。

佐谷眞木人『民俗学・台湾・国際連盟（柳田國男と新渡戸稲造）』講談社、二〇一五年。

ジョージ、ヘンリー　山嵜義三郎訳『進歩と貧困』日本経済評論社、一九九一年。（初出一八七九年）

鈴木範久編『新渡戸稲造論集』岩波文庫、二〇〇七年。

住谷一彦「新渡戸稲造と河上肇」『環第四〇号』藤原書店、二〇一〇年。

隅谷三喜男『近代日本の形成とキリスト教』新教出版社、一九八二年。

拓殖大学創立百年史編纂室編『新渡戸稲造――国際開発とその教育の先駆者』学校法人拓殖大学創立百年史編纂室、二〇〇〇年。

武田清子『土着と背教』新教出版社、一九六七年。

田中愼一「植民政策と新渡戸」札幌市教育委員会文化資料室編『新渡戸稲造』一九八五年。

谷口真紀『太平洋の航海者』関西学院大学出版会、二〇一五年。

田村信一『グスタフ・シュモラー研究』御茶の水書房、一九九三年。

田村信一・原田哲史『ドイツ経済思想史』八千代出版、二〇〇九年。

鶴見祐輔『正伝　後藤新平　第三巻』藤原書店、二〇〇五年。

東京女子大学新渡戸稲造研究会『新渡戸稲造研究』春秋社、一九六九年。

仲新・伊藤敏行編『日本近代教育小史』福村出版、一九八四年。

中沢洽樹・川田殖『日本におけるブルンナー』新教出版社、一九七四年。

中村勝己『現代世界の歴史構造』リブロポート、一九八四年。
奈良本辰也訳『武士道』三笠書房、一九八三年。
南原繁研究会編『南原繁と新渡戸稲造』EDITEX、二〇一三年。
新島襄『新島襄全集　第一巻』同朋舎出版、一九八三年。
新渡戸稲造『武士道』『新渡戸稲造全集（以下『全集』と略）第一巻』教文館、一九八三年。
同右『東西相触れて』『全集　第一巻』
同右『農業本論』『全集　第二巻』
同右『農業発達史』『全集　第二巻』
同右『ウイリアム・ペン伝』『全集　第三巻』
同右『植民政策講義及論文集』『全集　第四巻』
同右『糖業改良意見書』『全集　第四巻』
同右『植民の終局目的』『全集　第四巻』
同右『随想録』『全集　第五巻』
同右『随感録』『全集　第五巻』
同右『内観外望』『全集　第六巻』
同右『帰雁の蘆』『全集　第六巻』
同右『西洋の事情と思想』『全集　第六巻』
同右『世渡りの道』『全集　第八巻』

同右『衣服哲学講義』『全集　第九巻』
同右『ファウスト物語』『全集　第九巻』
同右『人生雑感』『全集　第一〇巻』
同右『婦人に勧めて』『全集　第一一巻』
同右『日本国民』『全集　第一七巻』
同右『日本人の特質と外来の影響』『全集　第一八巻』
同右『日本文化の講義』『全集　第一九巻』
同右『幼き日の思い出』『全集　第一九巻』
同右『日本の植民』『全集　第二一巻』
同右『日本の農民解放』『全集　第二一巻』
同右『日本土地制度論』『全集　第二一巻』
同右「宮部金吾宛書簡」『全集　第二三巻』
同右『新渡戸博士追憶集』『全集　別巻一』
ハウスホーファー著　三好正喜・祖田修訳『近代ドイツ農業史』未来社、一九七三年。
蓮見音彦「新渡戸博士の農業論」『新渡戸稲造研究』東京女子大学出版会、一九六九年。
馬場宏明『大志の系譜　一高と札幌農学校』北泉社、一九九八年。
原洋之介『「農」をどう捉えるか』書籍工房早山、二〇〇六年。
原田哲史『アダム・ミュラー研究』ミネルヴァ書房、二〇〇二年。

平瀬徹也「新渡戸稲造の植民思想」東京女子大学附属比較文化研究所『紀要　第四七巻』一九八六年。

深谷昌志『良妻賢母主義の教育　教育名著選集②』黎明書房、一九九八年。

福沢諭吉『福沢諭吉全集　第六巻』岩波書店、一九五九年。

同右『福沢諭吉全集　第七巻』岩波書店、一九五九年。

同右『女大学評論・新女大学』講談社学術文庫、二〇〇一年。

藤井茂『新渡戸稲造七五話』新渡戸基金、二〇一一年。

同右『続新渡戸稲造七五話』新渡戸基金、二〇一二年。

ハワード・H・ブリントン　高橋雪子訳『クェーカー三百年史』基督友会日本年会、一九六一年。

古屋安雄「武士道と平民道」『新渡戸稲造研究　第一三号』二〇〇四年。

ベルクソン『世界の名著　五三』中央公論社、一九六九年。

松隈俊子『新渡戸稲造』みすず書房、一九六九年。

三上敦『近代日本の夜間中学』北海道大学図書刊行会、二〇〇五年。

三上節子「新渡戸稲造とカーライル、ゲーテ」『新渡戸稲造研究　第一三号』新渡戸基金、二〇〇四年。

同右『悲哀に根ざした愛の教育観　新渡戸稲造とハリエット・B・ストウの比較研究』麗澤大学出版会、二〇〇八年。

湊晶子『東京女子大学比較文化研究所紀要　第七〇巻』二〇〇九年。

森上優子『新渡戸稲造――人と思想』桜美林大学北東アジア総合研究所、二〇一五年。

矢内原忠雄『帝国主義下の台湾』『矢内原忠雄全集　第二巻』一九六四年。（初出一九二九年）

同右『新渡戸博士讀本』實業之日本社、一九三七年。
同右『余の尊敬する人物』岩波新書、一九六二年。
同右「内村鑑三と新渡戸稲造」『矢内原忠雄全集　第二四巻』一九六四年。
山岡亮一譯『ゴルツ独逸農業史』有斐閣、一九三八年。
山本博文訳『武士道』NHK出版、二〇一二年。
横井時敬『横井博士全集　第三巻』農山漁村文化協会、一九七七年。
同右『横井博士全集　第八巻』農山漁村文化協会、一九七七年。
リスト　小林昇訳『リスト　経済学の国民的体系』岩波書店、一九七〇年。
李登輝『「武士道」解題』小学館、二〇〇三年。

〈著者紹介〉

谷口　稔（たにぐち　みのる）

恵泉女学園大学人文学部特任教授
1957 年 長崎県生まれ。
1981 年 慶應義塾大学経済学部卒業。
1983 年 慶應義塾大学大学院文学研究科（倫理学）修了。
その後、31 年間の恵泉女学園中学・高等学校教諭を経て、
横浜国立大学大学院国際社会科学府博士課程修了。博士（経済学）。
2018 年より現職。空手（剛柔流）二段。剣道四段。

新渡戸稲造
人格論と社会観

定価（本体 2200 円 + 税）

乱丁・落丁はお取り替えします。

2019年　3月 27日初版第1刷印刷
2019年　4月　3日初版第1刷発行
著　者　谷口　稔
発行者　百瀬精一
発行所　鳥影社（www.choeisha.com）
〒160-0023　東京都新宿区西新宿3-5-12トーカン新宿7F
電話　03(5948)6470, FAX 03(5948)6471
〒392-0012　長野県諏訪市四賀 229-1（本社・編集室）
電話 0266(53)2903,　FAX 0266(58)6771
印刷・製本　モリモト印刷

ISBN978-4-86265-740-4　C1023